CONVERSACIONES

CON UN ÁNGEL

Una forma fácil, de introducirse en el mundo espiritual

JOAQUIN GOMEZ BONONAD

A mi amiga Loreto, sin la cual este libro no hubiese visto la luz.

A mi brujita Ana.

A mi familia.

En esta hora y en este momento necesito leer

PROLOGO

Os traigo mi reseña u opinión personal del libro Mo Y el ángel DON JOSÉ del escritor Joaquín Gómez Bononad.

Mo y el ángel DON JOSÉ es un libro de autoayuda donde el autor, con una prosa muy ligera, nos relata la charla que tiene Mo con un ángel.

Es además de rápida lectura, con un estilo muy actual, aparentemente simple, pero en modo alguno desaliñado. Su lenguaje es accesible y con mucha sabiduría, que va dirigido a cualquier persona que desee encontrar una herramienta para liberarse de ansiedades y negatividades, para encontrar una estado de salud física, emocional y mental en plenitud. Para personas comunes y corrientes y por tanto, puede despertar el interés de cualquier lector, tanto adultos como adolescentes.

El libro empieza con el relato sincero de algunas de las experiencias y dudas del protagonista. Simplemente establece el debate y se pregunta: ¿Quién? ¿Cómo? ¿Por qué? ¿Hay alternativas? ¿Lo blanco es blanco y lo negro es negro?, y durante toda la lectura se van aclarando éstas al hablar con el ángel.

Después de leer la obra, Joaquín Gómez Bononad creo que es un hombre inquieto, inteligente, que desea encontrar su propio camino, hacer sus propias reflexiones y que cuestiona todo lo que se nos dice, sin dar por cierto todo lo que nos ofrecen y todo ello reflejado en su relato desde principio a fin del mismo.

Además de ser una historia amena y hermosa, el autor ahonda como nadie en el complejo mundo de las relaciones humanas y sabe manejar lenguaje y situaciones con excepcional maestría.

Joaquín Gómez Bononad, hiló en su día muy fino al escribir esta obra, por ello quizás el lector siente la necesidad ante ella de colgar el cartel de cerrado, relajarse y disfrutar, recuperando como en las mejores ocasiones el placer que da leer una buena novela de ensayo.

Ana G. Hernández.

PREFACIO

Estaba sentado delante del ordenador, empezaba el día, y como siempre, quería empezar a escribir sobre su novela, por la noche había soñado en que le gustaría escribir una novela de acción, después pensó en escribirla de amor, al final no sabía si escribirla de historia o futurista, y pensó, bueno voy a intentar el centrarme en alguna trama y más adelante ya me saldrá el nombre de la novela. No sabía qué le iba a resultar de la misma.

Se dijo en sus adentros: ¡vamos!, ¡adelante!, que alguien te ayudará a escribirla, confía en la providencia, ella te va a echar una mano.

Estaba sentado delante de su ordenador, y sin pensarlo dejó vagar su fantasía, a sabiendas de que poco a poco iría surgiendo la novela que le metería en el mundo de la escritura.

No había hecho ninguna carrera, no le había dado nunca importancia a las notas y, en el umbral de la madurez, empezaban a surgirle las inquietudes que tiempo atrás no le hubiera prestado atención, no sabía el porqué, pero tenía que escribir y plasmar los sentimientos que en ese momento le venían a su cabeza, posiblemente sería una locura, pero no perdía nada en intentarlo, le había llegado el momento de entrar en un mundo fantástico, el mundo de la espiritualidad, pero no sabía cómo podrían sentar sus ideas a los demás, la verdad es que no le preocupaba en lo más absoluto, suponía que como siempre se debatirían entre los que intentarían leerlo y podrían comprenderlo un poco y los que ni siquiera le prestarían la mínima atención.

La verdad, le preocupaba un comino todo esto, él sólo quería que saliesen de su cabeza sus pensamientos, los cuales se le iban acumulando en su interior y de alguna forma tenía que expresarlos.

Como decíamos, delante de su ordenador pensó: bueno, yo solo pretendo difundir lo que pienso, en ningún caso obligar a nadie a que piense lo mismo, es más, me gustaría que una vez que alguien hubiera leído mi manuscrito o lo que se pudiera derivar de este escrito no hiciera caso de las cosas que en él se dicen, que no se dejase influir por nada de lo escrito en él porque son mis pensamientos, no los suyos, e más, me gustaría que tuviese sus propios pensamientos, yo solo quisiera dejar algunas ideas para que el lector reflexione sobre las mismas, pero que no crea que lo que está leyendo es dogma de fe, que va, si en definitiva solo son tonterías de un mayor intentando pasar el rato.

CAPITULO I

MO Y DON JOSE

Mo estaba pensando en las cosas que la vida le estaba ofreciendo y poco a poco empezó a quedarse dormido, se fue acomodando en el sillón que tenía delante del ordenador, pero antes observó el reloj que había en la pared y vio que eran las 10 de la mañana, entornó los ojos para ver si podía descansar, pues estaba agotado, la pantalla del ordenador permanecía en blanco no había podido concentrarse en nada y le apetecía dejar volar su imaginación en busca de un sueño agradable.

De repente llamaron a la puerta, Mo fue a abrir y se encontró con un personaje de una mediana estatura, bien vestido, con sombrero, con aire educado y fino. Con una sonrisa le dio los buenos días, y Mo, que había sido educado en una buena familia, le contestó:

¿Que se le ofrece?,

Vengo a venderle una máquina mágica.

Mo se sorprendió un poco, nunca había oído que existiera una máquina mágica, por lo que le picó un poco la curiosidad, y le dijo:

🕴 *Perdone señor, ¿que se le ofrece?*

🕊 *Me llamo Don José, no se extrañe de lo que le he dicho, verdaderamente vendo una máquina mágica llamada* ***Aurixs****, supongo que usted no habrá oído hablar de ella, pues es una máquina que no está en el mercado, solo se vende a algunas personas preparadas, y ya ve, hoy le ha tocado a usted enterarse de su existencia y si quiere poder comprarla.*

Mo se quedó un poco pensativo y dándose cuenta de que Don José no daba la impresión de ser un mal hombre, es decir, parecía de fiar, le dijo que por favor pasase dentro de casa en vez de estar en la calle, pues tenía algunas preguntas que quería hacerle referente a la maquina ***Aurixs*** que le ofrecía. Don José cogió la maleta que portaba y entró en la casa conforme le había pedido Mo.

Mo le preguntó a Don José si le apetecía tomar alguna cosa mientras departían sobre la maquina así le haría cuestiones ya que se había quedado intrigado con ***Aurixs*** y lo que le había dicho respecto, a que no se vendía en el mercado sino que se vendía solo a las personas que en ese momento estaban preparadas para recibirla. Don José le pidió una infusión.

Estando sentados alrededor de una mesa tomando la infusión, Mo empezó a preguntarle sus dudas.

*Dígame, Don José, ¿por qué no puedo encontrar esa máquina que usted llama **Aurixs** en ninguna tienda? ¿Porque me ha tocado a mí el privilegio de poder comprarla justo ahora, y no antes?*

Mire, sé que tiene mucha curiosidad, pero para poder responderle a esas preguntas antes tengo que explicarle unas cuantas cosas. A lo largo de la vida las personas vamos teniendo nuestras necesidades. Marchamos por ella como nos han enseñado desde pequeños, intentando buscar soluciones a las dificultades que se nos van presentando, de pequeños pasamos nuestras vivencias y estamos deseando ser mayores para poder hacer aquello que de pequeños no nos dejan, después sufrimos la adolescencia, nos casamos, tenemos hijos, a los cuales intentamos educar lo mejor posible, ellos crecen y nosotros nos vamos haciendo mayores sin más. Lo que le ocurre a la mayoría de la gente, es que va viviendo conforme le han educado. Y Fíjese, lo que he dicho, a la mayoría de la gente, no a todos.

¿Y por qué no a todos?, ¿porque esa diferencia? ¿estoy yo entre ellos?

Pues mire usted Mo, como le iba diciendo, algunos se limitan a vivir la vida tal cual les va pasando, intentando eso sí, vivirla lo mejor posible, por desgracia existen algunas diferencias entre personas, unas viven mejor y otras viven peor. Algunas personas, como usted, empiezan a cuestionar su forma de vivir la vida, intentan rebelarse sobre algunas cosas que no ven que están bien, intentan averiguar si existe algo más que esto. A esas personas, que son las que no entran en el grupo de la mayoría, les llega un momento en que se preocupan de averiguar algo más, empiezan como todos, un día les llega un libro a sus manos y se ponen a leerlo y no les deja indiferentes, buscan otro libro y se ponen a leerlo y lo mismo, Y se dan cuenta de que ese primer libro no les ha llegado por casualidad, sino que ha sido en el momento en que su mente estaba abierta a esa clase de lectura. Ahí tiene la explicación del porque estoy en este momento aquí, quiere decir que está preparado para poder comprar esta máquina, ha llegado su día, igual que otros días llegaron para otras personas, por eso no podemos vender Aurixs en las tiendas, ellas no tienen el conocimiento de si la persona está preparado para ella o no, y si no está preparada solo será una estúpida maquina inservible más.

Bueno, Don José, no sé qué pensar, porque conforme usted lo plantea mi vecino por ejemplo si comprase **Aurixs** *la usaría como florero, puesto que no estaría preparado para ser consciente de su significado, es bastante raro su razonamiento, mi vecino es una persona instruida, y también una persona muy rica, que de seguro le compraría una máquina de estas para cada miembro de su familia con el consiguiente beneficio económico para usted.*

Yo no busco el beneficio económico en su venta, se lo imaginara simplemente si le digo el precio que cuesta, mire tan solo 1 Euro, dígame ¿qué beneficio económico puedo hallar en su venta?

¿Cómo, que solo cuesta 1 euro?, ¡no me tome el pelo!, ahora sí que me hace dudar de que le haya permitido entrar en mi casa, no sé si está bien de la cabeza, ¡ya no me fio!, ¿no se habrá escapado usted de un psiquiátrico? ¡no me asuste Don José!, que yo le he dejado entrar en mi casa porque al verlo la impresión que me ha dado es de buena persona y la verdad que cuando le he abierto la puerta y usted ha cruzado el umbral de mi casa me ha entrado una paz al ver su cara y su sonrisa… que

perdone que le diga, he tenido la sensación de que era un ANGEL, y espero no haberme equivocado.

¡Tranquilo! no vengo de ningún psiquiátrico, soy el encargado de guiar la inquietud que ha surgido en su persona con muchas preguntas que no encuentran respuestas, ¡confié en mí!, no le voy a dar ningún problema, al contrario, he venido a traerle LA LUZ. El precio de la maquina es una cosa simbólica, puesto que no puedes ir vendiendo una cosa que valga 0 euros, que sería su valor, te tienes que inventar que vale 1 euro, para que las personas se obliguen al menos a que desembolsar algo por ello. ¿Le he contestado a su pregunta de porque lo vendemos en las casas y a las personas elegidas, amigo mío?, ¿o tiene alguna otra duda respecto a la venta?, ya le he dicho que no está al alcance de todos, esa sería la verdadera pregunta que se debería hacer usted mismo, puede que tenga alguna duda pero me parece que ya le he explicado anteriormente porque le hemos elegido a usted.

Mo, se quedó satisfecho con la explicación que Don José le había dado. Entonces como quien no quiere la cosa le dijo:

Bueno, está bien, ya me ha aclarado el por qué me ha elegido a mí de entre muchos, y ahora Don José, ¿puede detallarme en qué consiste la maquina?, ¿sabré utilizarla?, a ver si por mucho que lo intente no puedo hacerla funcionar.

🕊 *Amigo, claro que sabrá ponerla en marcha, es una maquina fácil y si no para eso he venido yo a vendérsela, para intentar explicarle las dudas que usted tenga. No tenga miedo, cuando esté preparado la abrimos y vemos en qué consiste.*

🚹 *Don José, estoy un poco asustado, ¿en qué me va a ayudar el abrir la máquina mágica?, dígamelo primero a ver si me atrevo o no.*

🕊 *Para que **Aurixs** entre en funcionamiento solo ha de decir: -**¡ADELANTE!** Y si quiere detenerla: **-¡PARA!***

Cuando se ponga en marcha solo intentará explicarle las cosas que usted se pregunte, solo le marcará un camino en su inquietud de encontrar respuestas a muchas cosas vitales, en su pensamiento. ¡Ah! en el momento en que usted decida no continuar preguntando o escuchando lo que la máquina le vaya diciendo, puede pararla y dejarla aparcada hasta cuando usted crea que está más preparado. No se preocupe amigo Mo, ha emprendido un camino que solo tiene un final que es LA PERFECCION, y una vez se ha iniciado no se puede parar, perdone, SÍ se puede ralentizar pero NO parar, puesto que siempre queremos saber más.

Vale, cuando quiera vamos a ello, puede abrir **Aurixs** *y que sea lo que DIOS QUIERA.*

Primero verás unas cosas que no te van a sonar para nada, es como si fuese una película, no te preocupes. Tú continua y si tienes alguna pregunta que hacer no te cortes, interrumpe a **Aurixs**, *que como es mágico, te entenderá y te contestará.*

Vamos allá, RUMBO A LO DESCONOCIDO (jejeje, es una broma, esta serie se pasaba por la televisión en los años 80, jejeje, también tenemos derecho de vez en cuando a ponernos en plan risitas, las cosas no tienen que ser siempre serias,). ¡Vale Mo!, ¿preparado?

CAPITULO II

LA CAJA MAGICA

Don José cogió la maleta, la puso sobre la mesa y la abrió, no era más que un maletín, pero de su interior surgieron unos rayos que empezaron a formar una televisión virtual y se podía apreciar desde todas partes de la habitación, te podías levantar, darle la vuelta a la mesa, verla desde una silla o desde el sofá, era una tecnología nunca vista por Mo, era un verdadero alucine, la de millones que pagaría alguna gente por tener esta máquina y a él solo le había costado 1 euro, ¡ah! Y una infusión que se estaba tomando Don José, ¡uauuu! esto era como estar en otra dimensión, en otro planeta; al mismo tiempo la luz que emitía dicha televisión eran unos rayos de luz Blanca y Azul, indescriptible y, para más inri, esa luz producía un efecto de Paz, Tranquilidad y Armonía. A Mo le producía sensaciones maravillosas, le daba la impresión de estar en el mismo cielo.

- *Don José, dijo Mo, ¡esto es lo más maravilloso que he visto en mi vida!*

*Amigo mío, contestó Don José, esta especie de televisión sólo es el envoltorio, lo verdaderamente sublime vas a verlo a partir de ahora. -**¡ADELANTE!***

De repente, empezaron a aparecer imágenes de la formación de la tierra, iban bastante rápidas pero no molestaban, por un momento pasó de la nada a la existencia de todo un universo: los planetas, las estrellas, las constelaciones... En esa película pasaron cosas inexplicables para Mo, habían salido luces, e incluso habían salido Gigantes. Mo dijo: **-¡PARA!** y en un plis plas la imagen se congeló.

¿Qué te pasa, amigo? -Dijo Don José-.

Mire Don José, lo de la formación del mundo.... ¡Correcto! ¡De acuerdo con ello!, más o menos es lo que me imaginaba, pero algunas cosas de las que he observado no me cuadran, no las entiendo.

¡Está bien!, ¿Dime? qué cosas no entiendes, a ver si te las puedo responder, acuérdate que estoy aquí a tu lado para intentar solucionar tus dudas,

Mire, he visto a unos seres que iban volando y que emanaban una paz celestial, pero, de repente, se ha oscurecido el cielo y he visto sangre y muerte, he tenido la sensación que esa paz celestial se había roto.

Mira amigo Mo, en el principio de la creación Dios dispuso que todos fuéramos Ángeles, vivíamos en una perfecta armonía, pero uno de ellos, el que llamamos Lucifer, quiso ser superior a Dios, no se conformó con el amor que él le daba, quería más, entró en acción la conciencia de la Dualidad, lo que significaba que cada cosa tenía que tener su antónimo, es decir, si existía el Amor existía el Odio, si existía el bien existía el mal, una cosa no puede ser un todo sin la otra. Respecto a los gigantes que has visto, antiguamente en nuestra civilización coexistían los gigantes con los hombres, estos eran seres más adelantados que vinieron de otro planeta, después regresaron a su mundo. Existen varias galaxias y por ende varias planetas, la vida se va desarrollando en ellos tal como están de adelantados, somos los únicos que habitamos este planeta, pero ¿crees que somos los únicos en el universo? Existen otros planetas habitados.

¿Continuamos? ***-¡ADELANTE!***

Pasaron por delante de Mo, varios cientos de miles o a lo mejor millones de años, la gente vivía en armonía, todos eran felices y cumplían con las enseñanzas de nuestro PADRE DIOS, porque todos somos hijos del Padre, esto durante muchos, muchos, años,

Aparecieron las imágenes de Adán y Eva, pero Mo se dio cuenta que no era lo que le habían explicado de pequeño, que comieron los frutos que DIOS había prohibido y se encontraron desnudos y los echaron del paraíso. Pero lo que realmente vio, fue que perdieron la confianza del Padre porque querían ser superiores a él y fueron condenados a olvidar la vida perfecta que habían llevado hasta entonces. Dios les condenó a ir recuperando su consciencia poco a poco, es por ello que estamos viniendo vida tras vida a intentar superarnos y encontrar la perfección de nosotros mismos para llegar a la verdadera LUZ CELESTIAL, a nuestro Padre.

-¡PARA! *¿Cómo que Dios les quito su consciencia?, Yo tengo consciencia, a mí no me la ha quitado*

Amigo mío, eso de que tú tienes consciencia... ¡no, tú no tienes la consciencia espiritual! ¡La Luz celestial!, Bueno, perdona, miento, todos tenemos la CONSCIENCIA ESPIRITUAL Y LA LUZ CELESTIAL, solo que no lo sabemos, la tenemos dentro de nosotros mismos y si la descubriésemos nada ni nadie nos pararía, seriamos EL TODO, la esencia de Dios, todos la tienen dentro pero pocos la buscan, es lo que tu llevas haciendo un tiempo, intentar encontrarla, no te preocupes que ya te diré como puedes adelantarte y al menos reconocerla en esta vida. He aquí el motivo de mi presencia. ¿Continuamos, amigo mío?

Continuemos, por favor.

Vale, de la orden a la máquina, puesto que le ha dicho antes que parase

-¡ADELANTE!

Aurixs volvió a mostrar imágenes. A raíz de que el hombre se aparta del Padre Dios cuando nacen los bebes no recuerdan nada de sus vidas anteriores, ni lo que habían elegido perfeccionar en esta vida, el concepto de su superación.

No sé si has entendido lo último, me he permitido el parar la maquina sin tu orden a ver si lo has comprendido.

La verdad es que eso de que nacían y no recordaban sus vidas anteriores no lo he entendido mucho.

Antes de hacerle el feo a Dios y renunciar a él ya te he dicho que todo era paz y amor, y ahora tenemos que ganarnos el poder volver a ese estado, ¿Cómo?, pues bien, cuando una persona muere lo que se queda aquí es su cuerpo terrenal, su envoltorio. Lo verdadero es su energía, estamos formados de ella, pero necesitamos, un cuerpo para que nuestra energía habite en él. Nuestra energía tiene almacenado en ella la esencia del ser, EL TODO, ella sabe que somos hijos de Dios, que nosotros somos parte de Dios, que en definitiva Dios y nosotros somos una misma cosa, somos una Divinidad, un TODO, por consiguiente tenemos el PODER sobre todas las cosas, el PODER incluso sobre las enfermedades.

Al morir abandonamos nuestro cuerpo terrenal y nuestra energía pasa a otra dimensión en la cual no existen envidias ni rencillas, allí todos somos felices y estamos arropados por nuestro Padre Celestial, él nos acoge como lo que somos, ¡sus hijos!, y, al igual que la parábola del Hijo Pródigo, cuando llevamos un tiempo con él y queremos marchar, es como si le pidiésemos que nos diera nuestra parte de la fortuna para poder vivir mundo. Esa fortuna que tenemos es la fortuna espiritual, cada uno posee una, por eso cuando le decimos a nuestro Padre que queremos ir a explorar, le decimos lo que estamos dispuestos a superar en esta venida a este mundo y él nos bendice y nos da nuestra fortuna celestial para que intentemos ampliarla. Al mismo tiempo elegimos en que familia queremos nacer y en ese momento se nos bloquea nuestra espiritualidad para no podamos hacer uso de ella, puesto que si la utilizáramos, si nos acordáramos de ella, nos daríamos cuenta que lo que nos intentan inculcar en este mundo son todo falsedades y por consiguiente no pasaríamos por donde tenemos que pasar para poder progresar, y al regresar a nuestro Padre poder decirle: ¡Padre, he superado esto! Y EL nos envolverá con sus brazos y nos sonreirá porque somos su Hijo Prodigo.

Me ha quedado algo claro, ¡***ADELANTE!***

Vuelven a aparecer imágenes. Llega un momento en que el mundo evoluciona, nos ponemos a hablar y empiezan a surgir los Dioses, existía prácticamente el mismo número de Dioses que de hombres, bueno, ya sé que es una exageración, pero como sabrás a cualquier cosa la denominaban Dios, pero si nos fijamos en todos los tiempos ha habido un Dios que ha predominado sobre otros. Con el paso del tiempo la gente empieza a hacerse más inteligente y llega a la conclusión que existe un Dios que es el Padre de todos los Dioses. DIOS, que está en el Cielo y que todo lo ve, le entra ganas de averiguar si estaríamos dispuestos a volver a la senda del AMOR. Manda a sus emisarios y por último manda a SU HIJO, en el sentido amplio de la palabra, para ver si empezamos a ocuparnos de hacer el bien, ya que disponemos del libre albedrío para hacer el bien o el mal.

Los emisarios que manda son los Profetas, que son Ángeles son enviados por el Padre, ellos cumplen su papel a sabiendas de que van a ser sacrificados, puesto que saben que lo único que van a perder es su cuerpo físico no su alma, y por el contrario nos dan unas directrices a seguir para poder ganar al mal en beneficio del bien. Como dice Frank Ortega: *es como si estuviésemos jugando una partida de ajedrez, en la cual las blancas es el bien y las negras es el mal, a veces hay que sacrificar alguna pieza para poder hacerle el Jaque Mate al otro contrincante*, eso es, según él, el planteamiento que Dios hace con estos Ángeles, los cuales dan su vida para que el mal, que es lo más extendido aquí en este mundo, crea que va ganando y podamos darle el jaque mate final.

CAPITULO III

EL HIJO DE DIOS, JESUCRISTO

Voy a parar Aurixs con tu permiso, para ver si verdaderamente entiendes lo del Hijo de Dios, nuestro hermano JESUCRISTO.

Yo en este punto se, como toda la gente, que Jesús vino a entregar su vida para que pudiésemos encontrar el verdadero camino para llegar a su Padre y el nuestro: A DIOS OMNIPOTENTE. Que murió crucificado, no fue comprendido y de él nació la Iglesia Católica.

Eso es lo que te han contado, pero no lo que verdaderamente pasó, te voy a explicar algunas cosas que te vendrán bien y otras te parecerán una locura.

DIOS mandó a su hijo, pero lo que nadie sabe es que todo estaba planeado y escrito, todo lo que pasó estaba programado de antemano.

Antes de nacer Jesucristo había un hombre, padre de familia, en cuyo corazón solo existía el Amor y el Bien, era puro de espíritu y DIOS se le apareció, ese hombre se llamaba JOAQUIN , era el Padre de la Virgen María, y

DIOS le refirió a Joaquín que su hija tendría un hijo no fruto de la relación con ningún nombre, (por eso que Joaquín lo sabía no permitió que José denunciase a su mujer por adulterio), las cosas sucedieron tal y como DIOS le había dicho, que su nieto vendría al mundo a cumplir la misión que Él le había encomendado y que estaba destinado a ser el Dios de los Judíos.

Por aquel tiempo Joaquín era una persona respetada e importante y llevó a su nieto Jesús desde una punta a otra del planeta para que aprendiese la cultura y las costumbres de cada una de las naciones, en definitiva, que se hiciese una persona culta, por eso a Jesús solo se le empieza a ver después de este aprendizaje, y solo predicó unos pocos años consiguiendo agrupar a muchísima gente a su alrededor.

Al pasar Jesús por el rio Jordán, Juan el Bautista que estaba bautizando en sus aguas, observa del cielo bajar unos rayos que se posaron sobre la cabeza de Jesús (que por cierto era primo suyo pero no lo conocía) y como él también tenía el conocimiento que le había sido dado por DIOS, consciente de que había nacido el hijo, se dio cuenta que esos rayos solo podían señalar al Salvador, al hijo del PADRE , se postro a sus pies rogándole que fuera él quien lo bautizara

Jesús estuvo predicando alrededor de cinco años. Todos sus Sermones y Predicados los decía en forma de parábolas, (las cuales, aun son válidas hoy en día), porque si hubiera dicho lo que él pretendía a las claras, sin ocultarlo en forma de cuentos posiblemente le hubieran matado al principio y no hubiera podido llevar a cabo su misión, por la cual había venido a la tierra a sacrificarse por nosotros. Nos dejó sus enseñanzas, de las cuales surgió la IGLESIA CATOLICA, una iglesia que a algunos les parece bien y a otros mal, es decir les parece una iglesia manipuladora, una iglesia que está prácticamente al servicio de los ricos, de los banqueros y de los políticos, una iglesia que margina a la mujer.

Sería muy interesante adentrarnos en el papel de la mujer durante la época de Jesús y después de su muerte. La Iglesia no le concede el verdadero papel que ostentó junto a Jesús, por miedo a la verdad, que alguna vez saldrá a la luz y no tendrán más remedio que aceptarla.

Solo estamos dando un repaso a unas cosas concretas, pero no quiero abandonar el papel de Jesús sin hacer hincapié en que nos dejó la oración más poderosa del mundo, que es ni más ni menos, EL PADRENUESTRO.

CAPITULO IV

EL REZO

Antes de continuar adelante, como te decía, Jesús nos dejó la oración más poderosa que pueda existir y me gustaría entrar un poco en ella.

De acuerdo, usted dirá, soy todo oídos.

Rezar el PADRENUESTRO no consiste, como nos han enseñado de pequeñitos, en recitarlo de carrerilla sin pararnos a pensar en su verdadero significado. Decimos las palabras tal cual nos vienen a la mente, como si de una lección se tratara, y recitándolo de memoria lo damos por entendido, pero ¿sabemos en realidad lo que rezamos? no tenemos ni la más mínima idea, los peques y la gran mayoría de la gente no nos preocupamos del significado BESTIAL que entraña el poder entender esta oración, solo con saberla de memoria creemos que cumplimos con ella.

Voy a intentar desglosarla paso a paso desde mi humilde opinión al respecto, para ello pido al ESPIRITU SANTO me ilumine en todos los aspectos, y desde la humildad de mi ser me permita llevar a cabo esta tarea

Padre nuestro

En todas las culturas siempre se ha creído que hay algo que nos ha creado, unos lo han llamado Dios, otros Buda, otros Energía Cósmica, etc. Yo le llamo Padre Celestial, Nuestro Padre.

A tal efecto, él es nuestro padre y por consiguiente nosotros sus hijos, todos, sin excepción de razas o creencias, somos sus hijos.

Si nos paramos a pensar que significa la palabra Padre, podríamos hablar de: protección, amor, felicidad, ayuda, adiestramiento..., en definitiva, es lo que verdaderamente pensamos de un padre, un ser que nos ha defendido de pequeñitos y de mayores frente al mundo, cuidándonos y protegiéndonos antes y después, aquel que siempre hemos tenido a nuestro lado y nunca le agradeceremos bastante lo que ha hecho por nosotros.

Me cuesta pensar que un padre no quiera a su hijo y no le proteja, que se desentienda de él.

Dios, nuestro padre, no nos puede abandonar a nuestra suerte, otra cosa es que no le tengamos en cuenta como Padre y no recurramos a él para pedirle consejo y otras cosas, y como no las pedimos de corazón, con la confianza de que es nuestro Padre, no creemos que tengamos su protección y que lo tengamos siempre a nuestro lado.

Si creemos en la reencarnación, es decir, que hemos venido aquí para realizar la misión que nosotros mismos nos hemos propuesto en la otra vida, en la cual le pedimos a DIOS reencarnarnos en una familia, con unos padres que nos han protegido de pequeños y han intentado inculcarnos unos principios (con éxito o sin él) para que podamos vivir en este mundo y solucionar nuestro cometido. Nuestros padres han intentado realizar el papel lo mejor que han podido o sabido, pero dejándonos también la posibilidad de elegir nuestro camino. Ellos nos han dado todo el conocimiento que tenían, pero de nosotros depende la decisión, es decir, disponemos de libre albedrio para vivir la vida del modo que elijamos.

Del mismo modo que nos hemos independizado de nuestros padres terrenales, cuando nacemos no recordamos que tenemos un Padre Verdadero que es el que nos ha creado, algunos le llaman ENERGIA otros ya lo hemos dicho: Dios, Buda, Jehová, etc.

Venimos de algún sitio, no hemos venido de golpe, habremos tenido que pasar algún proceso para poder nacer aquí en la tierra, para poder ocupar este cuerpo que nos protege aquí, el cual sin la energía que tenemos no podría funcionar, sería un cuerpo inerte.

Alguien ha tenido que crear nuestra energía, como dice el principio de conservación de la energía (primera ley de la termodinámica): "la energía ni se crea ni se destruye solo se transforma", De acuerdo, pero ¿la energía de dónde surge?, alguien la ha tenido que formar, se ha tenido que crear a partir de algo y por consiguiente cuando una cosa se crea llamamos al creador de la misma "SU PADRE" puesto que él ha sido el que la ha creado, luego tenemos un SER SUPERIOR que nos ha creado , en definitiva nuestro padre , el PADRE CELESTIAL.

Que estás en el cielo

¿Qué es el cielo?, eso tan inmenso que vemos cuando levantamos la cabeza, ¿dónde comienza y dónde acaba?, ¡es impresionante!, pero la palabra que más lo puede definir, es la de INMENSO, una cosa la denominamos de esa forma cuando a nuestro parecer es lo más grande que hemos visto jamás, y no podemos imaginarnos en definitiva como es, por eso lo catalogamos inmenso.

Al aclamamos a DIOS, o a la definición que cada uno quiera darle, siempre levantamos la cabeza hacia el cielo, no he visto a nadie que al hacerlo baje la cabeza a la tierra, siempre miramos al cielo, al Inmenso Cielo, el cual , lejos de darnos miedo, lo, vemos como algo que está ahí, que la tenemos sobre nuestra cabeza, que nos protege de que nos caigan otros planetas en la tierra (a lo mejor es lo que creemos, pero en algún momento puede caernos alguno, jejeje,).

Si creemos que Dios habita en el Cielo, significa que Dios está en todas partes, puesto que no podemos diferenciar Cielo de nuestro entorno, ¿dónde empieza el cielo?, puede empezar a un milímetro de nuestro cuerpo, luego si hacemos caso a esto: "Dios está en todas partes".

Que estas en el cielo, es como decir que habitas en el cosmos, en todas partes, puesto que no existe un sitio concreto. El cielo no está tipificado, no podemos decir, mira ese es el planeta cielo, en el cual vive Dios. Todo es cielo, luego Dios es OMNIPOTENTE, está en todas partes al mismo tiempo, igual que también está dentro de nosotros, puesto que hemos sido creados por él, por consiguiente, nos ha hecho a su imagen y semejanza. Todos tenemos una parte de Dios dentro.

Ya sabemos donde habita Dios, cuando decimos que "estás en el cielo" nos referimos a TODAS PARTES.

Santificado sea tu nombre

Un ser (o una energía), capaz de crear el universo, no puede tener ningún fallo, solo puede ser completamente limpia, pura.

En el momento en que nosotros nos aclamamos a Dios santificamos su nombre sin saberlo.

¿Cómo podemos santificar el nombre de Dios?, como hemos dicho antes, Dios es nuestro padre, nuestro creador.

Un Ser que ha creado el universo es lo más grande que ha existido nunca, capaz de crear varios mundos, ¿quién sería capaz de obrar ese milagro? solo una fuerza perfecta, limpia y pura.

Si alguien destaca en alguna cosa o en alguna disciplina lo ENDIOSAMOS, es decir, lo idolatramos como si fuera un dios, puesto que ha realizado una hazaña muy difícil para el resto de la gente, ya sea en un campo o en el otro, por desgracia la falta de espiritualidad en este mundo nos ha llevado a idolatrar a personas que solo son eso: personas, pero para nosotros han pasado a ser casi dioses. En la Antigüedad se adoraba a unos dioses, representados por figuras que se idolatraban, los cuales siempre estaban relacionados con lo cotidiano. Estaba el dios sol, el del aire, la de la luna, la del amor, la de la fortuna, el del vino, etc. No llegaba a más el pensamiento de las personas, pero ya se daban las gracias a las cosas, aunque fuese a través de dioses inventados por ellos.

Si analizáramos estas civilizaciones veríamos que siempre existía un dios que predominaba sobre los otros dioses menores, que le llamaban PADRE de los Dioses, en realidad no iban mal encaminados, puesto que todas las cosas tenían que haber venido de un TODO.

Siempre estaban representados como si viviesen en el Cielo. Nuestros antepasados ya levantaban la cabeza cada vez que se aclamaban a sus dioses y celebraban actos santificando el nombre de ellos.

Creemos que Dios es la máxima santidad que existe, luego nosotros debemos también SANTIFICAR SU NOMBRE.

SANTIFICADO significa: Digno de respeto, Santo y Sagrado. Por consiguiente estamos diciéndole a DIOS estas cosas, pero hay que sentirlas realmente.

Venga a nosotros tu reino

Aquí en la tierra existen muchas etnias, todas con sus dirigentes, sus naciones y sus reinos. Pero el significado de venga a nosotros tu reino no es literal, no tiene un significado tal y como lo entendemos en la tierra, sino que es un espiritual, puesto que aquí en nuestros reinos terrenales solo nos preocupan las cosas mundanas, no las espirituales.

Desde un planteamiento espiritual, nosotros, es decir, nuestro espíritu (por el cual vivimos en esta forma corporal y por el cual debemos superar las metas espirituales que hemos venido a adelantar en este mundo) está conectado con la energía universal, a la cual llamamos Dios. Estamos pidiendo a Dios que venga a nosotros su reino, que nos dirija, que sea nuestro rey, que se encargue de cuidarnos y llevarnos por el buen camino hacia el mundo de la espiritualidad, que nos ayude a alcanzar la perfección.

Un reino en el que DIOS es el rey y nosotros sus súbditos, donde la paz y el amor sean las leyes fundamentales de ese estado, donde no existan: envidias, penas, celos, impotencia, engaños... donde todo se desarrolle en el conocimiento de las cosas y en el amor, la superación con amor de todo, donde haya felicidad.

Hágase tu voluntad, así en la tierra como en el cielo

Queremos que Dios, que está en los cielos y que es nuestro PADRE CELESTIAL, sea quien nos imponga su voluntad, una voluntad que es Espiritual. Él siempre querrá el bien para nosotros, puesto que somos sus hijos, somos hijos de DIOS e intentamos arroparnos bajo su poder, bajo sus enseñanzas, estamos dispuestos a seguirle en lo que él diga, nos mande, estamos aceptando que la Tierra y el Cielo forman un TODO, puesto que no hay diferencia entre ellas

Debemos aceptar, sin dudarlo, que sea Dios el que haga su voluntad con nosotros.

Jesucristo cuando vino a la tierra a espiar nuestras culpas (pues nos habíamos desviado del camino del bien y entrabamos de lleno en el camino del mal), nos decía que había un Padre Celestial, que él solo era su hijo aquí entre nosotros Y había venido porque todo lo que él hacia (curaciones, milagros, etc.) lo habíamos olvidado, él decía que todo eso lo podíamos hacer si encontrábamos nuestro yo interior.

Estaremos de acuerdo, que a lo mejor Jesucristo no quería sacrificarse por nosotros, morir por nosotros, pero fijaos bien en sus palabras: "PADRE HAGASE TU VOLUNTAD Y NO LA MIA", Él ya nos enseña el camino para que lo imitemos:

Hágase tu voluntad, añadiendo en el Cielo como en la tierra sin diferenciarlo

Cuando Jesucristo le dice al PADRE sus últimas palabras: *EN TUS MANOS ENCOMIENTO MI ESPIRITU*, ¿cómo debe ser DIOS? para que un ser como Jesucristo, sin pedir nada a cambio, así sin más, le encomiende su espíritu, el bien más preciado, lo más grande de la creación, EL ESPIRITU. Si él aceptaba que su Padre era DIOS nosotros debemos de aceptar que se HAGA SU VOLUNTAD.

Danos hoy nuestro pan de cada día

Aunque nos parezca que le estamos pidiendo a DIOS comida para nuestro cuerpo, no es comida tal y como la conocemos. El PAN DE DIOS es el pan espiritual, el que nos puede llenar EL espíritu, la energía vital positiva, este es el pan nuestro de cada día que DIOS nos ofrece para alimentarlo, Dios nos da todo el que queramos aceptar de él, sin límites. Cuando nuestro Padre da, quiere que sus hijos se harten de pan espiritual, recibamos dicho pan con AMOR, a cualquier hora y todas las veces que queramos, por eso decimos NUESTRO PAN DE CADA DIA.

Perdona nuestras ofensas como también nosotros perdonamos a los que nos ofenden.

Démosle un giro en la frase anterior, empecemos por "Como nosotros perdonamos a los que nos ofenden" ¿de verdad estamos perdonando de corazón a los que nos han ofendido?, ¿o lo decimos porque lo dice la oración?

Debemos perdonar pero desde dentro del Corazón. Pensamos fulanito nos ha ofendido, pues ya se la devolveré, (eso suele ser así), nos sentimos autorizados cuando uno nos ofende a guardársela y ya se la devolveremos otra ocasión con la misma moneda.

Cuán equivocados estamos, lo primero que debemos hacer no es esperar que esa persona que nos ha ofendido venga a disculparse no sabemos si en la intención de esa ser estaba el ofendernos, o por el contrario es su forma de actuar, su forma de ver esa cosa en concreto.

No somos nadie para juzgar al prójimo, ellos pueden ver las cosas diferentes de nosotros y son muy respetables, nadie puede intentar imponer su punto de vista sobre el otro, no tenemos ese derecho, no somos superiores a nadie y no debemos pretender imponer nuestro criterio sobre ellos.

Cada persona es única, las cosas pasan siempre por una razón, no somos quién para tener en cuenta cosas que los demás dicen o hacen, allá ellos, estar seguros que cuando llegue el momento ellos mismos buscaran sus raíces y el porqué de su existencia, pero eso cada uno tiene que descubrirlo cuando esté preparado, no existen la casualidades en esta vida, todo tiene un por qué. Existen las causalidades.

Como cada uno es responsable de sí mismo no tenemos que pensar que esa persona quería ofendernos, a lo mejor esa persona no sabía más, llegado su momento ya se dará cuenta.

Debemos perdonar a esa persona de corazón, el perdón es el mejor método para avanzar en nuestro camino hacia la espiritualidad.

¿No perdonar es bueno para mí?, ¿me proporciona algo positivo en mi evolución?, ¡NO!, ¿verdad que no?, no nos hace ningún bien.

Esa pregunta nos la podemos hacer, por ejemplo, cuando alguien viene a contarnos alguna cosa de otro, lo que tenemos que pensar o decirle es: *¿es una cosa que me va a provocar alegría y por consiguiente bienestar y felicidad, o por el contrario me va a colocar en un conflicto conmigo mismo puesto que no me proporciona nada?,* Si lo que me vas a contar no me va a servir para ser feliz, vale la pena que no me la cuentes.

Perdonar comienza con uno mismo, debemos pedir perdón si hemos ofendido a alguien, pedir perdón a Dios por haber hecho tal o cual cosa que creemos que no está bien, todos los días pensemos en ello y si tenemos alguna cosa que nos deja en duda pedir perdón a Dios y mentalmente perdonar...

Antes hemos invertido la frase para empezar por nosotros mismos, si somos los primeros en perdonar ya tendremos el PERDON de dios que le pedimos en la oración, ya que verdaderamente formamos parte de EL. Y DIOS, si empezamos a perdonar: NOS PERDONARA.

Y no nos dejes caer en la tentación y líbranos del mal

Dios no nos pone tentaciones, nos las ponemos nosotros mismos puesto que nos han enseñado así.

Dios nos puede decir: hijo, una forma de no caer en las tentaciones, y librarte del mal es primero que nada que observes con quien te relacionas y analices bien si esas personas te aportan beneficios para tu evolución, o por el contrario te están retrasando en el encuentro de la verdad. Ya hemos dicho que no somos nadie para cambiar a los demás, por eso los que debemos cambiar si no nos interesan nuestras amistades somos nosotros. Podemos modificar nuestra forma de ser y debemos profundizar en ella, bien es verdad que esto solo lo haremos cuando verdaderamente queramos, cuando llegado el momento en que se despierte nuestra espiritualidad y nos pongamos a intentar encontrar la verdad.

Al entrar en el camino de la espiritualidad nos daremos cuenta de si estamos a gusto con algunas personas, o por el contrario no queremos volver a relacionarnos con ellas porque no las vemos en nuestro mundo espiritual y las cosas mundanas empezarán a aburrirnos.

Esto no significa que debamos despreciar a nadie, solamente que en este momento no están en nuestra onda, cuando les llegue el momento ellas empezarán a interesarse por los mismos temas que nos preocupan...

Nuestra energía atrae a gente que está dentro de la misma onda de energía.

Si evolucionamos espiritualmente, tentaciones nos van a venir siempre, puesto que estamos en un mundo dual, y esto significa que donde está el bien está el mal, pero si nosotros damos AMOR en todo lo que pretendemos hacer, estas tentaciones no tendrán ningún poder sobre nosotros. Pensemos que DIOS es amor y él nos va a ayudar a ir por el camino del bien, cuando le recemos no nos va a abandonar, pensad que somos parte de él, DIOS CON NOSOTROS ES UN TODO.

Amén

La palabra Amen significa estar de acuerdo con todo lo que DIOS nos ha hecho llegar. La palabra AMEN es aceptar todo lo que nos da, es lo mismo que decir de corazón: ASI SEA.

Intenta, amigo mío, recordar esta oración y decirla siempre que te apetezca, nuestro Padre, en su inmenso corazón, te ayudara siempre, tenlo presente.

CAPITULO V

LAS GUERRAS ANTIGUAS, Y LA INQUISICION

¡ADELANTE!.

Muy bien, amigo, Mo

Por *Aurixs* empezaron a desfilar hechos acaecidos después de la crucifixión de Jesús, empieza a verse el comienzo de la Religión Católica, las cruzadas, un periodo de paz, después las guerras entre naciones: I Guerra Mundial, II Guerra Mundial, Vietnam, etc.

De repente Mo dice: ***¡PARA!*** Y *Aurixs* se detiene.

Mo aprovecha para preguntarle a Don José:

¿Por qué hay guerras? ¿Qué provecho se saca de ellas?, ¿Por qué se matan entre hermanos?

Una pregunta muy interesante, como habíamos dicho al principio antes vivíamos felices, no teníamos necesidades, por desgracia los tiempos evolucionaron pero no para bien, más al contrario para mal. Se empezó a depender de los banqueros, y la iglesia a raíz de querer acaparar más riquezas y sufragar algunas campañas que les permitieran obtener poder, ya empezaban tratar con los banqueros, por aquel entonces llamados judíos usureros, que se dedicaban a prestar dinero con unos intereses abusivos. La iglesia cobraba de todo, bulas para estar exentos de comer carne o cualquier cosa que hoy podríamos considerar chorradas.

Los que vivían en sus campos haciendo el trueque, que hasta entonces les había permitido vivir en paz, para poder pagar los impuestos de la iglesia, tenía que empeñarse con los usureros, y solo trabajaban para poder pagar y devolver el dinero que les habían prestado.

Empezaron a crecer la avaricia, el odio y la envidia. Se embarcaron en guerras, las cuales, bajo la bendición de la iglesia de entonces, calificaban de guerras santas, y aprovechaban para matar al que no era de su creencia, robándoles todo lo que podían, y anteponiendo el nombre de DIOS ..

Esos que alimentaban las guerras ostentaban los más altos cargos de la Iglesia Católica, se creían verdaderamente que estaban ungidos por DIOS, (aún existe en la Iglesia gente así). Empezaron una espiral de guerras por tener más y más poder, sin límites, haciendo todas las aberraciones que se pueden imaginar para mantenerse en el cargo (acordaros de la inquisición, que la llamaban LA SANTA INQUISICION).

Pero, ¿cómo se pudo permitir que hicieran eso?

Como ya habíamos dicho, igual existía el bien como el mal. El mal representado en la figura de Lucifer, y si bien lo pensamos ¿dónde se puede esconder el mal, sin que nadie se dé cuenta?

¿En la iglesia?

Ya veo que vas abriendo los ojos, ¡pues sí!, por desgracia dentro de la iglesia está escondido el mal, algunos de los prelados son seguidores de Lucifer, esto se contrarresta con la existencia de esos buenos curas de parroquias que nivelan la balanza, los que verdaderamente defienden la iglesia cara a las gentes de la calle. ¿Tú crees que en los tiempos que estamos viviendo se puede seguir manteniendo toda la parafernalia en la iglesia?, ¿tanto poder como tienen y al mismo tiempo permiten que haya quien no puede comer, que no tiene nada que llevarse a la boca? ¿Cómo permiten que haya quien no tenga donde poder dormir y no tomen cartas en el asunto? Esa curia, que cuesta un gasto impresionante, no está cumpliendo las enseñanzas de Jesucristo, están cumpliendo sus propias enseñanzas, (vivir ellos bien y a los otros que les den)

Esos solo pueden ser seguidores de Lucifer, por suerte tenemos lo que hemos dicho, algunos curas que sí que aplican las enseñanzas de Jesús.

Pues bien amigo mío, a lo que íbamos, las guerras surgen por las ganas de algunos de abusar del prójimo, si viviéramos en el Amor no existirían, ya que todos nos amaríamos y no tendríamos la necesidad de robarle al otro o a otro país las cosas.

Vives en un mundo gobernado por 15 o 20 familias, que son las que hacen y deshacen, que son capaces de cambiar a los mandatarios de un país conforme les conviene. Ellos deciden los precios, suben o bajan la bolsa conforme les parece, nosotros sólo somos sus marionetas, ellos, en definitiva, rigen nuestros destinos. Si en ese momento les interesa subir el petróleo, lo suben. Si les interesa dominar el mundo de la comida ponen el precio que quieren al maíz, a las patatas, etc. y como dominan la banca tienen a todos cogidos por donde tú sabes.

Son familias capaces de matar con tal de mantener su ritmo de vida y su estatus social, antes les llamabais usureros, ahora les llamáis empresarios, banqueros, etc.

¿Pero no podemos hacer nada respecto a esos que nos tienen como títeres?

Sí, algo se podría hacer, intentar encontrar en vosotros mismos la paz, buscar vuestro yo, buscar el verdadero sentido de vuestra existencia en el plano espiritual. Y tal como dice Jesús: ***"conocer la verdad os hará libres",*** *en cuanto abráis los ojos y encontréis el camino, ya nada podrán haceros, entonces tendréis el PODER.*

CAPITULO VI

EL AMOR

¿Porque tenemos que hacer las cosas con AMOR?

La palabra Amor, ¡qué bonita! y que importante es en nuestra vida

Siempre que pensamos en esta palabra nos viene a la cabeza hacer el amor con la pareja, pero eso es una gotita de agua en el vaso que contiene la palabra AMOR.

El amor tiene que ser una sensación de satisfacción hacia las cosas. Por ejemplo, el amor es el que nos permite disfrutar de los paisajes que la naturaleza pone delante de nuestros ojos.

Vamos como locos corriendo detrás del dinero y de las cosas materiales de las que dependemos en esta época de consumismo. Nos hemos hecho dependientes de nuestra propia vida, solo vivimos para trabajar y enriquecernos a toda costa, caiga quien caiga, y estamos abandonando la verdadera motivación de nuestra vida, aquello para lo que hemos venido a la Tierra. Y lo verdaderamente triste es que pensamos que esto último lo hacemos por amor.

¿Porque hemos venido a la Tierra?

Unos dirán que a vivir la vida que nos han dado, a intentar pasarlo bien y que no nos quiten lo que tenemos. En cambio, otros dirán que hemos venido a expirar vidas, a intentar encontrar la paz con nosotros mismos, ahí es donde puede entrar la palabra AMOR. Cuando encontremos el amor verdadero por la vida encontraremos la paz en nosotros mismos y seremos seres perfectos.

¿Qué es el AMOR?

El amor es la perfección.

Cuando llegamos a este planeta , dábamos mucho culto al amor, puesto que veíamos en nuestra familia y amigos al empezar a nacer el amor que nos profesaban, nos llenaban de amor, y lo teníamos como una cosa normal, con el paso del tiempo se nos olvidaron poco a poco los verdaderos motivos a los que habíamos venido a esta vida y pasamos de un estado de felicidad y amor a encontrarnos con la vida que nosotros mismos nos habíamos forjado, la vida tal cual es en la actualidad, con sus problemas pequeños y grandes. Unos con más suerte que otros van sobreviviendo en este mundo complejo que hemos creado, engañados por los demonios que nos tientan (que en la actualidad no tienen forma de demonios sino de otras cosas: banqueros, políticos etc.) y entramos en el dilema del día a día, empezamos a correr una carrera que nos lleva a integrarnos dentro de la vida, y al mismo tiempo corremos para conseguir dinero, poder, notoriedad, etc. En fin, a vivir la vida conforme nos han enseñado.

¡Qué errados estamos! ¿De verdad necesitamos todo eso para ser felices y tener AMOR? Por un momento párate y piensa, ¿porque deseo con tanto ahincó el poder tener un buen apartamento? ¿Porque lo tiene otro y yo no voy a ser menos? Pero verdaderamente, ¿has pensado en que vas a tener que pagar una hipoteca, unos seguros, unos impuestos, comprar de todo para llenarlo y dejarlo adecentado para poder habitarlo? Eso implica el trabajar para pagarlo y todo lo que conlleva, implica el dejar de vivir la vida intentando encontrar el verdadero sentido de la misma, él porque estamos aquí. ¿De verdad nunca te los has preguntado?

Crees que no existe nada más allá, entonces... ¿a qué hemos venido?, ¿a dejarnos la piel para unos señores como nosotros, pero que al tener dinero mandan de nuestras vidas como a ellos les da la gana? ¿Seguro que es lo que piensas? ¿Que venimos, pasamos, nos vamos y ya está? ¡Jolín, que cómodo! Bueno, cómodo depende, porque si te toca ser el rico sí que es cómodo, pero si te toca ser el pobre, imagínate que vida, toda llena de envidias y perspectivas inalcanzables.

No lo creo así,, creo que la vida es mucho más que esto, no se tiene por que padecer para ser feliz, en tu mano está cambiar este mundo que te han metido por los ojos y que te ha fascinado, dándote un caramelo para después quitártelo cuando ya estás acostumbrado a ello, y entonces te dicen que la realidad es esta, tienes que trabajar para poder pagarles a ellos todo eso que te gusta, bueno que te han hecho creer que te gusta, y no crees que puedas pasar sin ello.

Que equivocado estás, hemos venido a esta vida a superarnos, a superar obstáculos que nos hemos marcado en otra vida. Tenemos todo el derecho a disfrutar de los placeres de la vida, pero fíjate bien cuáles son:

¿Tener dinero?, bueno ¿y por qué no puedes tenerlo? Trabaja y tendrás dinero para tus caprichos (ojo, caprichos provechosos para ti, no para ellos). Tienes todo el derecho a tener un coche ¿por qué no?, si quieres moverte en este mundo, por desgracia, tienes que tener un coche

¿Quién es el que fija el dinero que vale ese coche que tú quieres? ¡ELLOS!

¿Te imaginas que a una fábrica de coches de lujo, por poner un ejemplo, no le compraran ningún coche durante un año? Bajarían los precios y se pondrían a la misma altura que las fábricas de coches más económicos.

¿Dónde está el negocio? En que si un coche vale 10, ellos te lo tienen que vender a 50 porque tienen que sacar un beneficio impresionante para poder mantener su estatus a costa de tu bolsillo

¿Porque hay casas de coches que pueden vender ese coche a precios más bajos y las otras casas no?

¿No te das cuenta que nos tienen cogidos por los mismísimos......? Pero esto lo puedes aplicar a todas las cosas que están pasando.

Cuando nosotros venimos a este mundo, venimos vírgenes en todos los aspectos, procedemos de un mundo donde no existen las envidias ni los celos, donde todos somos AMOR.

Acuérdate de tus antepasados, tus abuelos y bisabuelos se levantaban muy temprano, cogían su caballo y el carro y se iban a trabajar al campo cuando salía el sol y volvían casi al anochecer. Quizá te acuerdes, que cuando eras pequeño veías feliz a tu abuelo, la gente salía y se ayudaban unos a otros, dormían con la puerta abierta de las casas, nadie podía pensar que podrían entrar a robarles nada de su casa, por la noche se juntaban en la calle algunos vecinos y hacían sus tertulias y cuando se hacía tarde se iban a dormir. Todos eran felices, podían comer cada día y no les importaba nada más.

Con el transcurso del tiempo llegaron a los pueblos los banqueros y políticos de turno y empezaron a repartir créditos fáciles para comprar: televisores, apartamentos, coches, etc. La gente empieza a ver al vecino con más cosas y quiere más, ya no se acuerdan de que pasaban los días felices viendo los campos florecer, a nadie le faltaba nada, pero eso era antes que el vecino tuviera un chalet, ¡qué lástima que os dejaseis convencer con las cosas materiales que os pusieron delante! Encima viene la burbujas y los banqueros os convencen para comprar una segunda y hasta tercera vivienda, prestándote incluso dinero de más para comprarte los muebles, el coche y todo lo que se te antojase. Y sin daros cuenta os cogieron por los........

Este mundo, tal y como lo conocemos, si lo analizamos bien, es todo ficticio. ¿Tú crees que los bancos tienen el dinero que dicen? Es todo falso. A una persona se le ocurrió hacer papelitos en los que decían: vale por tanto dinero, pero la realidad es que no existe ese dinero.

¡Cuán ingenuos habéis sido!, os han llevado por donde han querido, hacéis lo que os dicen, os han ido cebando para que no vierais la realidad.

No has venido a este mundo sólo para trabajar para poder pagar todo lo que has adquirido, ya es hora de que despiertes de verdad y busques el verdadero sentido de tu vida. Solo con AMOR podrás conseguir eso.

Debemos intentar salir todos los días con el pensamiento de dar AMOR a los demás, ¿Cómo lo podemos conseguir? Será difícil, pero hay que intentarlo. ¡No te rindas! Solo con que tú estés con la intención de dar AMOR, tu energía vital irradiara ese AMOR hacia las personas que te rodean. Con esta actitud, aunque tú no percibas nada, llegará un momento en que cambiará el mundo actual y nos revelará el mundo espiritual.

Siempre se ha dicho que "estamos hechos a imagen y semejanza de DIOS". La palabra DIOS se puede traducir por AMOR.

¿De verdad crees que un Padre dejaría que sus hijos vivieran una vida de penalidades, o por el contrario desearía que tuviesen una vida plena de AMOR?

DIOS nuestro padre nos ha hecho a su imagen y semejanza, por consiguiente somos parte de él y como parte de él que somos, debemos comportarnos e intentar encontrar el sentido de nuestra vida. Todos hemos venido aquí para cumplir una misión, y no podemos pasar nuestra estancia aquí sin intentar averiguar cuál es, algunos lo conseguirán, otros puede que no tengan tanta suerte, pero sólo por intentarlo ya están en el camino correcto

AMOR es intentar transmitir esa felicidad a la gente que nos rodea, no tenerles nada en cuenta, porque en definitiva tú no eres nadie para juzgar a los demás, simplemente míralos desde el AMOR. No intentes cambiar nada en ellos imponiéndoselo, cada persona encontrará por sí misma y en el momento preciso su turno para cambiar la forma de pensar.

Cuando hables con alguna persona, si estás predispuesto a darle AMOR, lo recibirá sin darse cuenta, notarás como poco a poco sus sentimientos hacia ti van cambiando, haciéndose más abierta sin darse cuenta, pero tú sí que percibirás algo.

Cuando las cosas se hacen desde el corazón con AMOR, sus frutos llegan más pronto que tarde, tu satisfacción de las cosas tomará un cariz impensable para ti, dándote cuenta del poder de la palabra AMOR, capaz del poder absoluto. Es la única palabra que va a poder transformar el mundo en un mundo fantástico e impensable, un mundo lleno de LUZ y de PAZ.

El Espíritu Santo está intentando abrirte los ojos a la realidad de la LUZ. Él quiere entrar en nosotros y llenarnos de vida.

Las religiones están para respetarlas, pero también están para interpretarlas. Acordaos de la representación del Espíritu Santo como una paloma, pero lo fundamental de él son esa especie de rayos que salen hacia nuestra cabeza.

¿Qué son esos rayos que salen?

¡Luz!. en consecuencia, se nos abre un gran mundo de luz, en la cual está el conocimiento de uno mismo, es decir, la aceptación de que tú puedes guiar tu vida utilizando esa luz para encontrar la verdadera esencia del ser.

Solo desde el respeto a las personas, desde la entrega de nuestro amor incondicional a ellas, encontraremos la verdad y podremos al fin llegar a la meta que nos hemos puesto antes de venir a este mundo

Ve dando AMOR por la vida a todas las personas, que la vida se encargará de devolverte a ti AMOR.

CAPITULO VII

LA FAMILIA

En *Aurixs* empezaron a salir escenas en las que se juntaban familias en reuniones, se veían los padres y los hijos hablando entre ellos, de repente Mo dijo: ***¡PARA!***

🕴 *Don José ¿podemos hablar de la familia?*

🕊 *Te voy intentar hablar de la familia desde mi punto de vista.*

La familia la elegimos nosotros antes de venir a este mundo a superarnos. Nosotros somos los que queremos formar parte de una familia u otra, pero por desgracia, solo lo sabemos hasta el momento de nacer. Se nos va obstruyendo la memoria y vamos olvidando las vivencias de otras vidas para poder llevar a cabo lo que hemos venido a realizar. Si nosotros recordásemos las vidas vividas anteriormente y los aspectos que hemos superado en ellas perderíamos el verdadero sentido de nacer, que es superarse.

Alguna gente pasa por la vida sin pena ni gloria, agotando la vida sin pensar en ella y su significado. Pero otros, cuando están preparados, empiezan a preguntarse: "¿qué hago aquí?" "¿porque he nacido?", "¿qué me tiene reservada la vida?" "¿Qué es la vida?

Los que se preguntan alguna de esas cosas entran en una espiral de intentar buscar el significado de la misma.

Como te he dicho la FAMILIA la encargamos. En la familia existen cosas que nosotros no podemos apreciar pero que forman parte de lo que hemos venido a adelantar en nuestra perfección.

Si nosotros elegimos a la familia, ¿Por qué no elegimos todos nacer en familias ricas y no padecer nada?

Algunos nacen en familias muy ricas para poder ayudar a otras personas por ejemplo dándoles trabajo para que ellas puedan ganar su dinero.

Estas personas a las que ayudan podrían haberse propuesto la meta, antes de nacer, de experimentar el sentimiento de "agradecimiento". Conforme van siendo ayudadas, van agradeciéndoselo y poco a poco podrán alcanzar su meta

En el mismo caso la persona que ha nacido rica ha pedido el poder experimentar el sentimiento de "ayudar" a sus trabajadores.

La familia rica, al no acordarse que ha venido a superarse, se esfuerza en pasárselo bien a costa de sus trabajadores y explotarlos para su propio y único beneficio, pudiendo chupar, si pueden, hasta la sangre. Pero lo único que hay que tener por estas personas es lástima, puesto que ellos son inconscientes de lo que están haciendo y tendrán que volver a expiar sus acciones, una y otra vez, hasta que alguna lucecita les ilumine y les haga ver su camino.

¿Porque existen pobres? Posiblemente ellos mismos han querido nacer así, puesto que su meta es superarse.

A menudo vemos gente que solemos llamar del tercer mundo y los vemos desnutridos, sin ninguna clase de higiene, pero al observarlos, al igual que en algunas tribus que no han sido prostituidas por la mano del hombre, se les ve felices, incluso más felices que nosotros.

Si pensamos que nosotros hemos elegido a la familia para nacer, debemos intentar encontrar el porqué de ello.

La familia está compuesta de varios elementos: padres, hermanos, tíos, sobrinos, etc.

Cuanto más amor dediques a tu familia, más te darás cuenta del gran apoyo que son para ti. Vale la pena tener unos momentos de asueto para uno solo, para poder meditar y dedicarse a sus cosas; pero sentir la satisfacción de que tienes un hermano y unos padres a tu lado, que en cualquier momento, te tienden su mano..... Eso solo lo puedes observar si no estás solo.

A veces, en una reunión familiar de una tontería se ha desencadenado un malentendido con algún familiar. Todos conocemos familias, que por cuestión de herencias, se han dejado de hablar entre hermanos, tíos, etc. Algunos discuten con sus padres, porque en un momento determinado han realizado una acción que ellos pensaban que lo estaban haciendo bien en ese momento, pero a sus hijos les ha parecido lo contrario, y poco a poco se van alejando de ellos sin darse cuenta.

Analizando esos conflictos se llega a la conclusión de que no son tales conflictos. Si un padre beneficia más a un hijo que a otro en una herencia, ¿quiénes son sus hijos para juzgar la decisión del padre?, en definitiva el dinero es de él, si él quiere gastárselo en lo que sea es cosa suya, los hijos solo tienen que pensar: "bueno, he tenido a mi disposición a mi padre cuando lo he necesitado", "¿le he dado las gracias por haberme traído a este mundo y haberme ayudado de pequeño cuando no podía valerme por mi mismo?", "¿me ha inculcado mi padre cuando era pequeño el sentimiento del resentimiento, o por el contrario, ha intentado criarme para ser un buen hijo?"

¿Porque le damos tanta importancia a la cosa material del dinero, cuando lo único que tiene importancia en esta vida, es la salud, el amor y la familia?

¿Qué prefieres ir a ver a tu hermano el día de su entierro, o por el contrario prefieres perdonarlo y hacer las paces con él?

A lo mejor es lo que hemos venido a superar en esta vida.

Esto te puede parecer que es una cosa muy ínfima a la hora de superarse, que sólo consista en esto el sentido de tu vida, pero no es así. En el momento en que vuelvas a hablar con tu hermano, experimentarás en tu interior una sensación de paz, que contribuirá infinitamente más de lo que te imaginas a aumentar tu espiritualidad y a superarte a ti mismo. Entonces te darás cuenta de que no era tan ínfimo.

Decídete de una vez a solucionar el conflicto que hayas podido tener con ese familiar. ¡Vamos, lánzate!, solo tienes que decirle: "hola, ¿Cómo estás?", tan pocas palabras, que tú crees que no significan nada, pero que tienen una profundidad inmensa. ¡Llámale! y si no te contesta, no te preocupes, lo vuelves a intentar más adelante. Pero si te contesta, que cosa más grande, volver a tener a tu lado, a tu hermano, tío, padre, etc. Serás más feliz que si te hubiera tocado la lotería. Da tú el paso, no esperes a que él lo haga, porque a lo mejor, él no ha venido a este mundo para dar ese paso y tú sí, no lo sabes, pero confía en el Espíritu Santo, a él le tocara a lo mejor otra cosa que superar

El que tú le llames y des el primer paso no significa que te hayas rebajado, le damos demasiada importancia a las cosas materiales, que verdaderamente no la tienen. En el momento en que le demos más importancia a la PAZ espiritual que a la material, empezaremos a recibir recompensas que las energías espirituales nos tienen preparadas para nosotros, que superaran en creces las cosas materiales, y podrás empezar una vida de búsqueda y superación.

No dejes pasar más tiempo, ¡Llámale! y si no quiere contestarte o no quiere verte, no importa, tú perdónale y cuando menos te des cuenta lo tendrás a tu lado.

CAPITULO VIII

LAS CUENTAS

Don José, ¿Por qué discutimos con las personas?

Esto es normal, pero al mismo tiempo es fácil de superar con unos consejos muy sencillos

Hay que contar hasta 20 antes de ensalzarnos en una discusión con una persona que nos ha creado un conflicto, después de esto nos daremos cuenta que dicha discusión no nos favorece ni aporta nada positivo en nuestra vida.

A lo largo de los días solemos hablar con personas y sin darnos cuenta entramos al trapo en unas cosas insignificantes que nuestro ego intenta convertirlas en cosas importantes. Esto a veces nos acarrea el que nos sintamos mal con algunas personas, pero si analizamos la tontería (porque siempre suelen ser cosas tontas) nos damos cuenta de que no valía la pena habernos peleado. El 99 % de las discusiones, si las analizamos en frio, vemos que son un absurdo, pero nos cuesta volver atrás y reconocer delante de nuestro interlocutor que estamos arrepentidos de lo que hemos contestado en ese momento en caliente.

Sería muy importante en nuestra vida aprender a contar antes de contestar. El contar significa esperar un poco, tener un poco de paciencia, no saltar como un gato enseguida sobre lo que nos dicen.

A veces se han deshecho amistades por contestar sin pensar antes las cosas. Decimos lo primero que nos viene a la cabeza y por lo general casi nunca es una respuesta apropiada para la ocasión.

Siempre hemos admirado en la cultura tradicional China y en algunas otras de Oriente, esa persona mayor que está siempre escuchando lo que dicen y solamente abre la boca para dar una opinión sabia. Esas personas han antepuesto el sentido de escuchar y cuando hablan es porque han meditado lo que van a decir. Siempre se ha dicho eso de "en boca callada no entran moscas" Para saber escuchar verdaderamente debemos de ser conscientes de lo que estamos escuchando y visualizar la parte positiva, antes de emitir un juicio.

Como ya hemos dicho, venimos a esta vida a buscar nuestro Yo en ella. Nosotros somos los que hemos decidido nuestra vida aquí, y antes de venir nos hemos propuesto lo que vamos a enseñarnos en ella para poder llegar a la perfección. La perfección, en sí, es muy difícil de alcanzar. A veces creemos que estamos muy evolucionados, pero estamos equivocados, tenemos muchas vidas por delante. ¡Ojalá, pudiéramos encontrar la perfección en una sola vida! Por lo menos, en ella podremos ir quitando obstáculos, ir sobrepasando pruebas para que cada vez nos queden menos.

Qué bonito seria, cuando estamos hablando con otra persona, tener una pausa mínima de un tiempo, en el cual poder interpretar lo que nos está diciendo la otra persona.

No estamos acostumbrados a escuchar, hablamos por hablar y a veces al cabo de un rato nos preguntamos de que estábamos hablando, pero el otro también a veces te contesta: pues yo tampoco me acuerdo. Eso es porque no escuchamos, estamos hablando con otra persona por el mero hecho de hablar, sin importarnos lo que le contamos ni lo que nos cuenta

La vida, por desgracia, nos ha enseñado a no intentar contactar con la energía que emana de nuestro interlocutor, y a veces nosotros mismos nos cerramos a no dejar entrar nuestra energía a esa otra persona. Creemos que nos van a quitar parte de ella, o que nos van a inundar con energía negativa que ella lleve. Cuan equivocados estamos, nuestra energía está preparada para seleccionar la que le interesa que entre y la que no le interesa la rechaza.

En la antigüedad el hombre prestaba más atención a las palabras. Siempre hemos escuchado a nuestros padres decir "antes cuando un hombre daba su palabra, esta iba a misa"

Con las palabras podemos: afirmar, aconsejar, acusar, destruir, etc. Podemos, por medio de las palabras, ensalzar a una persona a lo más alto, así como podemos hundirla en el fango. Ese es el PODER que tienen las palabras y que verdaderamente tendríamos que darle. Por eso es MUY importante el saber escucharlas antes de opinar sobre ellas.

Qué fantástico seria que nos hubieran enseñado en la escuela a escuchar las palabras, a darle el significado que verdaderamente tienen; entonces, nos daríamos cuenta que lo que a veces nos parecen palabras ofensivas hacia nosotros, en realidad no lo son. Si hemos venido a purificarnos, ¿porque vamos a perder el tiempo con nimiedades provocadas por otros hacia nosotros, o provocadas por nosotros por no medir las palabras?

Cuenta hasta 20 o analiza lo que te han dicho antes de contestar, que es lo mismo. Y cuando termines de hablar con alguien le das las gracias por haberte escuchado (verbal o mentalmente).

¡INTENTALO!, ES MUY IMPORTANTE,

CAPITULO IX

LAS GRACIAS.

🕊 *Día de las gracias. Te preguntarás qué demonios es eso del día de las gracias. Pues, como indica su nombre, nos dedicaremos a dar las gracias, jejeje, sí amigo mío, dar las gracias.*

A vosotros, por naturaleza, os cuesta ser agradecidos. Creéis que como lo que tenéis es porque os corresponde, no tenéis que agradecer nada a nadie.

Piensa por un momento si tú eres de esos y si al mismo tiempo estás dispuesto a cambiar, estás dispuesto a no tener vergüenza y aceptar que hay que ser agradecido.

Acláreme este concepto un poco que no lo tengo muy claro.

🕊 *Cuando nosotros decidimos venir a este mundo, ya te he dicho antes que venimos sin ninguno de nuestros conocimientos anteriores. Hay excepciones, a veces nacen niños que recuerdan que vivían en otro sitio diferente al que están viviendo con sus padres. Tras algunas averiguaciones, se han confirmado las palabras de estos niños, dándoles el trato de fenómenos inexplicables. Ni los científicos le encuentran explicación a estos fenómenos, que no son tales, sino que simplemente, no se les ha borrado todo del disco duro, ha quedado un rescoldo que es el que les ha hecho recordar que ya habían venido a vivir antes, en otra vida.*

Todo lo que vamos apreciando desde nuestro nacimiento es nuevo para nosotros, y nos vamos adaptando a la vida, a esta vida, descubriendo las cosas, por consiguiente, somos nosotros los que creemos que tenemos derecho a que todo esté en su sitio, y no tenemos que dar gracias por nada.

Al dar las gracias expresamos gratitud hacia alguna cosa o hacia alguien. Gratitud que podemos comparar con lo que decíamos de la palabra AMOR. La gratitud es la expresión de la palabra AMOR, significa lo mismo.

Cuando nosotros damos las gracias de corazón hacia algo estamos volcando nuestro AMOR, es decir, amamos.

En esta vida, aunque no lo creas, hay que dar las GRACIAS pero de corazón por todo. Es una forma de repartir: amor, satisfacción, agradecimiento, etc. que todo es lo mismo, y cuando más veces repartas esa palabra cada día, verás que tu interior va creciendo, vas recibiendo más agradecimiento por parte de las otras personas. Esto es así: tal cual tú das recibes con creces.

Por eso te aconsejo (bueno, yo te doy un consejo, tú eres libre de aceptarlo y practicarlo, o solo de aceptarlo, como persona educada que eres, y después no hacerle caso, no importa, tú decides). Me permito aconsejarte, jejeje, que te plantees todas las mañanas, cuando te levantes, que lo primero que hagas sea dar las gracias. Dar las gracias a quien tú creas: a DIOS, al ESPIRITU SANTO, a BUDA, a ALA, al SOL, a la ENERGIA UNIVERSAL... me da igual, el mismo respeto me merecen todos, solo que cada persona en su interior se aclama al que prefiere. Da las gracias por poder respirar, da las gracias por poder comer (cuanta gente hay que no tiene nada que llevarse a la boca y van recogiendo lo que pueden de la basura), da las gracias por tener ropa para vestirte (tú puedes elegir que ropa te puedes poner, pero hay gente que solo tiene un harapo, que es el que se pone todos los días), da las gracias por poder apreciar la luz del día (hay gente, ciega que no lo puede apreciar), da gracias por poder salir a la calle y oler tu entorno, da gracias por poder tocar las cosas, da las gracias por tener un coche, da gracias por tener una casa, da gracias por tener una familia, da gracias por trabajar, da gracias por poder ir al bar y tomar algo, da gracias por ir al cine, da gracias por poder ver la televisión, da gracias por poder viajar, da gracias por poder reír, por poder llorar, da gracias por poder escribir, por poder hablar. La realidad es que deberíamos dar las GRACIAS A LAS GRACIAS, te parecerá un absurdo pero todo lo que tú en día hoy puedes hacer, hay gente que no puede, luego siéntete AGRADECIDO en tu interior por poder tener todas esas cosas, y lo más importante: tienes que darte las gracias tú mismo, porque estas intentando abrir tu mente, averiguar el porqué de tu venida a esta tierra, y al menos intentar cambiar algo en TI, que en definitiva es lo que verdaderamente importa. Cuando tú cambies, notes las gracias en ti, tu entorno empezará a cambiar y poco a poco darás otro paso para llegar a la LUZ.

Si has comprendido un poquito, solo un poquito de lo que he intentado explicarte, te habrás dado cuenta del verdadero poder de la palabra GRACIAS.

Pues la verdad, Don José, tengo que procesarlo, es muchísimo más amplio de lo que me había parado a pensar, pero ya solo por ello estoy dispuesto a intentar utilizar siempre la palabra GRACIAS, hasta en las personas que intentan hacerme daño. Creo que he adelantado un paso.

Mucha gente no sabe que Jesús le dio las gracias a su discípulo Judas, y dirás, pero si lo traicionó, pues no, no lo traicionó. Judas había venido a la tierra a realizar su misión, su misión era traicionar a Jesús, y gracias a poder llevar a cabo su misión, Jesús dio su vida por nosotros, luego Judas no fue ningún traidor, simplemente cumplió el papel que le había tocado en esta vida.

Visto desde ese punto de vista nadie le puede negar que tenga razón, pero para eso hemos de estar seguros de que hemos venido a la tierra a cumplir una misión, si no lo vemos desde ese punto de vista para nosotros sigue siendo un traidor.

Mo, ya vas entrando más en las cosas profundas, ya vas reconociendo, al fin, que hemos venido a cumplir una misión. Todo está escrito, todo se va desarrollando como estaba previsto. Fíjate bien hacia donde llevan las señales, el tren está en marcha, el que quiere se sube en él y va pasando por todos los vagones hasta que llega a su destino. Esos vagones no tienen ninguna distancia fija, cada uno los adelanta como quiere, según esté preparado. Piensa que ese tren tiene el fin de llevarte a tu meta, pero tampoco tiene un tiempo marcado. Cuando tengas que abandonar este mundo habrás adelantado varios vagones y cuando regreses otra vez continuarás por el vagón en que te quedaste, no volverás a empezar. Hasta que llegarás a la ÚLTIMA ESTACION, que es la que te llevará a tu encuentro con la LUZ.

CAPITULO X

EL DESPRENDIMIENTO.

Aurixs se puso en marcha y en él empezaron a aparecer imágenes de globos por el espacio.

🕴 *Don José ¿Qué significan los globos?*

🕊 *Los globos pueden significar lo que yo denomino desprendimiento.*

La palabra desprendimiento ¿qué significado puede tener? ¿Desprenderse de algunas cosas que no nos hacen falta?, ¿de algunas cosas que no estemos de acuerdo con ellas?, ¿de algunas cosas que, sencillamente, no nos gustan?

No nos preocupa para nada deshacernos de aquellas cosas que sencillamente no nos atraen, no le damos mayor importancia a echarlas a la basura. Pensemos por un momento, nos regalan una cosa que no nos gusta y lo primero que hacemos es deshacernos de ella sin importarnos si nos la han regalado porque creían que eso nos vendría bien a nosotros, o les gustaba eso para nosotros.

Asociamos el desprenderse de algo a desprenderse de alguna cosa material, nunca lo hemos asociado a lo espiritual, base de esta lección o reflexión.

La realidad es que en nuestro interior solo caben sentimientos, sentimientos íntimos que nosotros creemos que forman parte de nosotros. Con el paso del tiempo hemos ido albergando sentimientos buenos y malos, pero podemos pensar que si están ahí .es por algo, entonces ¿porque vamos a intentar desprendernos de ellos?

Desprenderse espiritualmente de una cosa siempre implica que nos de miedo y el miedo que sentimos es superior a lo que creemos que vamos a experimentar.

Los sentimientos internos no se pueden tocar, ni ver, no son tangibles, existen en nuestro interior, solamente los puedes sentir.

Vamos a hacer hincapié en lo que son sentimientos negativos que albergamos en nuestro interior, por ejemplo: el sentimiento de Rencor, sentimiento de Envidia, sentimiento de Superioridad respeto a otras personas, sentimiento de Rabia, sentimiento de Ego, sentimiento de Aburrimiento, etc.

Estos sentimientos negativos están calados dentro de nosotros, pero no nos aportan ningún beneficio, al contrario, nos aportan, como su nombre indica, negatividad, el que cada vez veamos las cosas más negras y más oscuras.

Pues bien, a pesar de tener miedo, hemos de hacerle frente y proponernos verdaderamente que nos abandonen, que se vayan de nuestro lado, que pasen al plano de lo inexistente en nosotros, que podamos llenar su vacío con pensamientos positivos y de amor. Si estamos convencidos de que podemos intentarlo, seguro que podremos conseguirlo.

Un método para intentar descartarlos poco a poco sería una cosa tan sencilla y simple como la utilización de UN GLOBO, ¡si de un globo! y tú me dirás: "eso suena más a un circo que a una cosa tan seria como es intentar deshacernos de los sentimientos negativos". Ya hemos dicho que a veces las cosas más sencillas son las que más logros producen, no existe nada insignificante sino que somos nosotros quienes le damos el papel de insignificante o de arma poderosa, que de seguro nos va a ayudar a poder deshacernos de ellos.

El método del globo consiste en: Coger Un Globo Y una hoja de papel, en la hoja de papel vamos a escribir los sentimientos de los que verdaderamente queremos desprendernos, para mandarlos a otro mundo, a otra dimensión (será nuestro pensamiento). Al globo le vamos a consentir que sea una parte de nuestro yo, una parte que pretenda albergar lo negativo.

Escribiremos en el papel las cosas que creamos que nos hacen daño y que estamos dispuestos a que desaparezcan de nuestra vida, por ejemplo: EL RENCOR, la RABIA, los CELOS, etc. Escribimos todo lo que se nos ocurra, y estemos dispuestos a despojarnos de ellos.

Una vez escrito esto en el papel procedemos a hinchar el GLOBO y por el agujero metemos el papel y volvemos a hinchar más el globo y lo cerramos para que pueda mantener dentro el aire.

Ahora llega el momento de dejar irse el globo y que se lleve nuestros pensamientos negativos, con la intención de que solo permanezcan los sentimientos positivos en nosotros. Pero ¡ojo!, hay que estar verdaderamente seguro de que queremos que se vayan.

Te puedes desprender del globo donde tú quieras. Lo bueno sería que lo hubiéramos podido hinchar con gas que nos permitiera que se elevase en el cielo y estar observando hasta perderlo de vista, pero no conozco a nadie que con sus pulmones hinche un globo y lo llene de gas. Vamos a imaginarnos que el globo vuela, que se aleja de nosotros en el cielo. Te puedes desprender del globo donde quieras, si nos tenéis ningún problema lo podéis lanzar desde una azotea o desde la ventana de un piso, decía si no teníais ningún problema puesto que es probable que el globo se quede por vuestra calle, a no ser que haga mucho viento, y cualquier persona lo puede coger, lo máximo que podrá leer son los sentimientos negativos que vosotros hayáis escrito, pero aunque lo lean no harán caso porque no sabrán quien los ha escrito, (a tal efecto os aconsejo que no los firméis, jejeje, os imagináis los sentimientos y firmado fulanito, jejeje, sería un cachondeo si os conocieran), pero como no figurará ningún nombre no hay nada que temer.

Por otro lado, hay quien preferirá dejarlos ir desde su coche, en una carretera, en un camino o desde una montaña. No os preocupéis por eso, vosotros soltarlos.

Es muy importante que en el momento en que estéis dispuestos a soltarlo, estéis conscientes de ello y muy súper importante hacerlo desde el corazón. Fijaros en que ha repercutido en vosotros el momento de soltarlo, si sois capaces de sentir en ese momento: Alegría, Paz, Satisfacción, etc. algo que te indique que has hecho bien en soltarlo, a veces es un pequeño picorcito en el estómago, (pero algo es algo), intentar sentir si dentro de vosotros ha habido algún cambio, por muy pequeño que haya sido.

Solo el pequeño gesto de escribir y de mandar el globo a otra dimensión, vida, plano, o como queráis llamarlo, es un acto de valentía total, un acto de no tenerle miedo a lo desconocido.

CAPITULO XI

PEQUEÑOS RENUNCIOS, O PROPOSITOS

Aurixs se puso en marcha y en él empezaron a aparecer imágenes de cafés, cervezas, pasteles....

🕊 *Vamos a hablar de lo que podemos denominar pequeños renuncios. Como su palabra indica no son grandes sino pequeños sacrificios.*

🚶 *¿En qué consisten estos pequeños sacrificios?*

🕊 *En intentar cambiar cosas cotidianas a las que estamos acostumbrados por otras que no estemos tan dados a ellas. Por ejemplo: en lugar de tomarnos varios cafés al día (que es lo que solemos hacer) podemos tomar infusiones, o no tomar ese pastel que tanto nos apetece comer todos los días.*

Esos pequeños sacrificios nos van a permitir reafirmamos en nuestra disposición para el cambio y al mismo tiempo podremos ver si verdaderamente somos capaces de realizarlos.

Debemos intentar centrarnos todos los días en las sensaciones que experimentamos cuando ponemos esto en práctica. Es muy importante fijarnos en los sentimientos, puesto que ellos, si somos conscientes de lo que experimentamos, nos ayudarán a ver las cosas de otra manera, de una forma que para nada tiene que ver con los sentimientos que experimentamos en este mundo con sus placeres irreales, sino que nos van abriendo las puertas a nuevas sensaciones, aunque te parezcan las mismas, pero que tu espíritu empezara a diferenciar de las mundanas.

Tan poco que parecen cosas tan insignificantes como por ejemplo: el café, los dulces, los caramelos, el tabaco, la cerveza, etc. son la demostración, de que nosotros podemos tener el control sobre nosotros mismos, y al tener el control sobre nosotros mismos, empezaremos a ir descubriendo nuestra fortaleza, la cual nos llevara irremediablemente a darnos cuenta de que nosotros somos capaces, a través de nuestros pequeños actos, de notar la seguridad que se requiere para poder nosotros (y solo nosotros) ir superándonos. Observarás como eres capaz de dominar tu vida, dominar tus sentimientos, sentirte una persona feliz, una persona que solo busca su perfección. Podremos ir recordando que nosotros somos los únicos partícipes de nuestra vida. Podremos romper las cadenas que nos tienen ligados a esta vida tan material y nos reiremos de ella, ya no seremos marionetas de la vida, sino que seremos Seres que iremos iluminándonos conforme vayamos avanzando.

A veces de las cosas más pequeñas surgen las realidades más grandes.

La vida nos va planteando retos, y unas veces caemos y otras no. Si caemos, si estamos convencidos de que queremos superarnos espiritualmente, nos daremos cuenta de que a estas caídas casi siempre les podemos dar la vuelta y ver la enseñanza que nos ofrece desde otro punto de vista, nuestro punto de vista que nada tiene que ver con el punto de vista de la gente.

Nunca alcanzaremos la sabiduría creyendo a la gente a pies juntillas, y repito ¡Nunca!

Muchos que se autodenominan maestros espirituales nos dicen: "sigue nuestras enseñanzas". Esas personas no pueden ser maestros, en el momento en que se denominan maestros ya están perdiendo algo en la esencia de su energía. Un gran maestro es JESUCRISTO, él nos ha traído el AMOR para que nosotros actuemos siempre a través del AMOR, él nos ha enseñado a través de esa palabra a ver la realidad. Una palabra tan sencilla pero al mismo tiempo tan difícil de aplicar.

Debemos escuchar a todas las personas, dejarlos expresar sus creencias, sus vivencias, su forma de ver la espiritualidad, pero no por eso hay que seguirles. Debemos escucharles, pero recordando que son sus vivencias no las nuestras, ni podemos darlas por buenas ni por malas, si alguna cosa de lo que nos cuentan nos resuena sacaremos nuestras propias conclusiones, que a lo mejor no tienen que ver nada con las suyas,

Pobre de aquel que diga que lo sabe todo, porque lo único que ha alcanzado a reforzar es su EGO. Nosotros siempre estamos aprendiendo algo y cuando una persona está aprendiendo es un ESTUDIANTE. Somos todos alumnos y a la vez maestros unos de otros.

Yo intento en estas palabras expresar unas ideas, tú las puedes interpretar a tu manera, ya que tú tienes el poder y libertad de interpretar cada cosa. Como dice FRANK ORTEGA: no creas nada de lo que digo, tú actúa en tu consecuencia.

Tú por ti solo ya encontrarás la clavija que al activarla te llevara a mirar y a encontrar lo que hay en tu interior.

CAPITULO XII

LOS PENSAMIENTOS

Aurixs se puso en marcha otra vez, y apareció como un cerebro en él y una especie de nubecita que se utiliza en los comics o en los cromos que significa lo que uno está pensando.

¡Alto! -gritó MO-, y la maquina se detuvo un momento. Don José, ¿eso qué es? no lo entiendo, ¿qué significa?

Eso que tú ves intenta representar los pensamientos. Podemos hablar de los pensamientos que nos recorren, que nos preocupan algunos momentos.

Bien, Don José, soy todo oídos.

Nuestro subconsciente fabrica pensamientos a cada momento, por desgracia, los que más abundan en él son pensamientos negativos, ya que nos han enseñado en esta vida a pensar en ellos. Las envidias, celos, ego, superioridad...Etc. nos lleva a ir creando pensamientos negativos ("este gilipollas tiene mejor coche que yo"). Hemos crecido en una sociedad competitiva, pero solo competitiva en lo material, imaginaros si hubiéramos nacido en una sociedad competitiva espiritual, a ver quién de todos daba más Amor a los demás, sería el mundo perfecto, sin guerras, sin envidias, sería un mundo puro y sano.

Al haber crecido en esta sociedad, estamos preparados para darle mucha más marcha a los pensamientos negativos, los cuales ya no nos extraña nada que sean los habituales.

Fijaos bien, un día nos levantamos con el propósito de "hoy voy a pensar solo en positivo" y, verdaderamente, intentamos pensar solo en positivo, y mientras estamos pensando en cosas bonitas, llenas de amor, de repente, se nos cuela un recuerdo en el cual alguien nos había dicho una cosa que no nos gustaba, y empezamos a darle vueltas a dicha cosa, con lo que dejamos de pensar en positivo, aunque solo sean unos segundos. En ese momento pueden pasar dos cosas: o que nos demos cuenta e inmediatamente intentemos descartar ese pensamiento de nuestra mente, o por el contrario que no nos demos cuenta y continuemos pensando en negativo.

Durante ese tiempo que hemos pensado en negativo, hemos perdido la felicidad que habíamos experimentado con los pensamientos positivos, y otra vez vuelta a empezar. Nos enfadamos con nosotros mismos porque nuestro subconsciente nos ha jugado una mala pasada. En vez de enfadarnos con nosotros mismos, intentemos pensar el por qué hemos dejado de ser felices permitiendo que los pensamientos negativos ganasen la batalla.

¿De dónde proceden los pensamientos, tanto positivos como negativos? Los dos proceden de nuestro SUBCONSCIENTE, por consiguiente, ahí es donde radica el problema.

La solución consiste en intentar conseguir que nuestro Subconsciente no vaya por su cuenta, nuestro Subconsciente depende de nosotros. Nos hemos acostumbrado a este mundo de competitividad y mentiras, por lo tanto nuestro Subconsciente está acostumbrado a ellas (Las maldades).

Nuestro Subconsciente es incapaz de discernir entre el bien y el mal, entre lo verdadero y lo falso. Nosotros podemos orientarlo en el sentido que queramos, él no se va a dar cuenta, hace lo que nosotros le hemos enseñado, entonces ¿por qué no enseñarle a ver solo las cosas positivas?

Estamos descubriendo un mundo de espiritualidad, un mundo del que formábamos parte y hemos olvidado al venir aquí. Conforme nos adentramos más en el mundo espiritual tomamos conciencia que siempre ha estado escondido dentro de nosotros.

No es fácil volver a enseñar a nuestro Subconsciente que la verdad no está en los pensamientos negativos, sino en los positivos. Nuestro Subconsciente no diferencia una cosa de otra, nos va a costar cortar con lo negativo, pero no debemos perder la fe en ello, debemos ser perseverantes.

¿Cómo podemos ser perseverantes?, cada vez que nos demos cuenta de que hemos cambiado de pensamiento y hemos pasado a uno negativo, borrarlo de nuestra memoria, como si fuese una memoria de un móvil. Debemos decirle a nuestro Subconsciente que nos haga caso, porque NOSOTROS OBSTENTAMOS EL PODER SOBRE NOSOTROS MISMOS, NOSOTROS SOMOS MAS PODEROSOS QUE EL (nuestro Subconsciente), solo en la convicción de que lo que decimos es verdad, podremos ganar la batalla al Subconsciente.

Nuestro Subconsciente es tan ciego, que si nosotros repetimos una cosa muchas veces, el dará veracidad a esa cosa, puesto que no distingue entre lo que es real y lo que es ficticio. Si no fuese así aflorarían todas nuestras vidas anteriores, ya que en él es donde está almacenado nuestro pasado anterior.

A fuerza de ir anulando de nuestra mente los pensamientos negativos, llegará un momento en que el subconsciente pensará solo en positivo. Hacer la prueba, y lo comprobareis por vosotros mismos.

Los pensamientos positivos influyen en todo lo que hacemos, ¡aprovechémoslos!

Ten claro que TÚ tienes el PODER sobre tus pensamientos, créetelo y utilízalo en tu propio beneficio.

CAPITULO XIII

LA SALUD

Por *Aurixs*, empezaron a desfilar imágenes en las que se veían casas como hospitales y gente dentro de ella, es decir enfermos, también habían gente con batas blancas que representaban a los médicos y enfermeros.

¡Para! -dijo Mo-, y dirigiéndose a Don José le dijo: -Miré, quisiera pedirle que me aclarase el tema de la salud.

Vale, -amigo Mo-, usted dirá.

¿Porque caemos enfermos?, ¿porque tenemos a veces mala salud?

Está claro que a veces nos ponemos enfermos, algunas veces por simples resfriados, otras veces tenemos unos problemas más grandes: operaciones, canceres, en fin, estamos expuestos a lo que se nos presente.

Nosotros estamos formados por energía y tenemos un envoltorio que llamamos cuerpo, que es en el que se manifiestan estas enfermedades. Partimos de la base de que lo verdaderamente importante es la energía, no nuestro cuerpo, pero lo necesitamos como vehículo.

Todas las enfermedades tienen su porque, aunque no te lo creas, tenemos enfermedades producidas por nosotros mismos.

¿Cómo puede decir que son producidas por nosotros mismos?, ¿en que se basa?, no lo entiendo.

Las enfermedades nos las producimos nosotros mismos, pero conforme avanzamos en la espiritualidad somos capaces de sanar nuestro cuerpo.

Nosotros somos energía, energía pura, envuelta en una funda. La energía no puede padecer dolor, no lo conoce. A la energía no le puede afectar nada.

Es nuestro envoltorio el que padece de vez en cuando dolores, pero simplemente, porque no aceptamos que solo es un envoltorio. En el momento en que nosotros pasemos a aceptar eso, seremos dueños de ese envoltorio, y por consiguiente mandaremos sobre él, no dejando que nos duela nada, puesto que nosotros no reconocemos el dolor como energía que somos.

Entonces, ¿las enfermedades se podrán curar?

En nuestra mente se van formando conflictos (cuando discutimos con alguien, cuando se nos apodera de nosotros: la envidia, la rabia, etc.), como no nos pueden afectar a nuestra parte espiritual, se manifiestan en nuestro cuerpo en forma de enfermedades, y dependiendo de lo que nos afecten y lo bajo de energía que estemos en ese momento, se manifiestan con más o menos fuerza (por eso a veces tenemos simples resfriados, o a veces son enfermedades más fuertes).

Cuando tenemos una enfermedad, por regla general, empezamos a alimentar nuestro Victimismo, nos regocijamos hablando de nuestra enfermedad como si fuéramos los únicos enfermos que hay en ese momento. Nosotros mismos vamos alimentando la enfermedad dándole una prioridad desmesurada, centrándonos en nuestro victimismo.

Existen personas que habiendo sido diagnosticadas de una enfermedad grave, han empezado a luchar contra ella mentalmente en vez de hacerse las víctimas.

Al cambiar nuestra manera de alimentarnos, ponemos nuestro corazón en esa acción imprimiéndole energía positiva, de forma que algo cambia dentro de nuestro cuerpo. Sin darnos cuenta, ya estamos moviendo algo en nuestro interior al afrontarlo. En este punto has empezado a mover fuerzas interiores. Si pones tu empeño en afrontarlo y tomas consciencia de tu fuerza interior estarás en el buen camino para superar cualquier enfermedad. Pero hay que estar verdaderamente predispuesto a ello y centrar la energía de todo tu ser. Si lo decimos con la boquita pequeña no vamos a conseguir nada, tienes que estar dispuesto a cambiar, ¡cree en tu PODER INTERIOR!

El primer paso ya lo has dado: quieres cambiar, y vas a poder cambiar si confías en el Espíritu Santo y en tu Fuerza Interior.

Una vez llegado al punto de estar convencido, te darás cuenta de que las cosas mundanas no tienen ningún sentido, que lo único que importa es lo espiritual, y serás capaz de superar cualquier enfermedad.

Somos hijos del Padre, y con el Padre somos uno, ¿tú conoces a algún Padre que quiere que sus hijos estén enfermos?, ¿a que no conoces a nadie?, más bien conocerás a padres que quieren que sus hijos sean felices, que no sufran en esta vida. Eso es lo que desea DIOS nuestro PADRE, ¡confía en él!, ¡hazle caso!, el solo procura tu bienestar, date cuenta de que todos formamos UN TODO en este fantástico CIELO.

A veces, las personas necesitan caer enfermas para darse cuenta de las cosas. Muchas veces nos hemos encontrado con personas que están en este mundo de espiritualidad porque han padecido alguna enfermedad, y se han dado cuenta a tiempo, que la enfermedad ha sido para darles un toque de que tenían que cambiar su forma de ser, y a raíz de eso, le han empezado a dar a la vida la valoración que verdaderamente tiene, se han puesto en marcha, y han empezado a darse cuenta de las cosas. Por eso, a veces, tenemos que ver las enfermedades como lo que son, avisos de que no vamos por el buen camino, hay que cambiar, y entonces desaparecen de nosotros como por arte de magia; no es arte de magia, teníamos que pasar por ahí para darnos cuenta.

> *LAS ENFERMEDADES SON SEÑALES PARA QUE EMPEZEMOS A CAMBIAR ALGO EN NUESTRA VIDA.*

CAPITULO XIV

EL PERDON.

Cuando *Aurixs* se puso en marcha aparecieron imágenes de gente arrodillada rezando y como si abrazaran a otras personas. En sus caras se les notaba una sonrisa y satisfacción.

¡PARA! -grito Mo-. No lo entiendo, parece que están rezando y al mismo tiempo como si estuviesen perdonando.

¡Así es!, lo principal es que están perdonando. Es muy importante perdonar a los demás, más importantes de lo que nos creemos.

¿Porque tenemos que perdonar a las personas lo que nos hacen si no queremos?

Tú dices que por que debemos perdonar sin tener ganas de ello. Cada persona actúa de una forma diferente a otra. Nos ofendemos, a veces, por tonterías, todas relacionadas con las cosas materiales. Nunca nos enfadaremos en el plano espiritual, puesto que como ya sabes, nuestro espíritu es puro, luego no entendería el sentimiento de enfado.

Fíjate lo que conlleva la palabra PERDON, en el momento en que nos sentimos ofendidos, siendo un sentimiento material, lo que más nos conviene es desprendernos de él de inmediato.

🚶 *De inmediato, ¿por qué?*

🕊 *Lo único que nos aporta el sentimiento de que estamos ofendidos, es un paso atrás en nuestra evolución. Es como si estuvieras subiendo una escalera y la ofensa te hiciese retroceder, bajando algunos escalones. ¿Verdad que prefieres seguir en el escalón que has conseguido en vez de bajarlo?*

Tendrás que ir planteándote, verdaderamente, que es lo que prefieres, si evolucionar o quedarte dónde estás. Pero plantéatelo de corazón, no como un juego.

Si quieres continuar adelante, ten presente que tienes que estar dispuesto a PERDONAR. Por mucho que creas que te han ofendido debes descartar el sentimiento de ofensa de tu cerebro, borrarlo de tu existencia, no pensar en él.

Cuando tu antepongas sentimientos espirituales a los terrenales, te darás cuenta de a cuantas tonterías en esta vida les has llegado a dar importancia, y del tiempo y energía que has perdido en ello.

PERDONA a todos, primero, porque seguro que no son conscientes de lo que te han hecho, y segundo porque si son conscientes de ello, es su realidad, no la tuya. Ellos están en su mundo, tú no eres quien para intentar cambiárselo, ya llegará su momento.

Perdona a todas las personas, no pienses en lo difícil que es esta palabra. Tienes que llegar a la convicción, de que es una de las metas que te has propuesto en la vida.

Cuando salgas a la calle, hazlo con una sonrisa, y cuando pases por al lado de cualquier persona, después de darle los buenos días (aunque no la conozcamos), pídele mentalmente perdón, porque tu energía ha invadido su espacio, aunque solo sea un centímetro. Le va a hacer un bien positivo durante el resto del día.

Son cosas que no nos paramos a pensar. La energía va fluyendo a nuestro alrededor, sin que nosotros la apreciemos, pero somos capaces de inyectar amor en la otra persona solo con pensar en positivo.

Que barato es perdonar. No nos cuesta ninguna inversión de dinero, no nos resta ningún gramo de nuestra energía positiva, sino que al contrario, nos la aumenta. Cada vez que pronunciamos la palabra PERDON estamos atrayendo muchísimos gramos de energía positiva, los cuales nos ayudan a cambiar la energía negativa que tenemos. Conforme nuestra energía vaya siendo más positiva, atraerá abundancia, incluso dinero a nuestra vida. El dinero, no lo dudes, es necesario en el capítulo que estamos viviendo aquí en la tierra.

Tú reflejas lo que quieres cara a los otros. Si tú vas repartiendo sonrisas por la vida, notarás que las personas con las que te cruzas, instintivamente, te sonreirán aunque no te conozcan de nada. Intenta observarlo cuando salgas a la calle.

Conforme vamos perdonando, vamos recibiendo EL PERDON de DIOS, (o de Buda, Ala, Jehová, etc.), porque: "lo que sembramos, recolectamos". Si tenemos que recoger lo que sembramos, no seamos tontos y salgamos riendo y PERDONANDO.

CAPITULO XV

LA LEY DE LA ATRACCION

Don José, me ha dejado un poco pensativo cuando ha dicho que lo que Reflejamos Atraemos. Eso sería como reflejarnos en un espejo, ¿no?

Lo que reflejamos vuelve a nosotros. Si reflejamos amor, nos volverá amor. Esto es lo que se conoce como La ley de la atracción.

Tú estás entrando en un mundo de Espiritualidad, y sin darte cuenta, te vas rodeando de gente que vibra en tu misma onda. Te pones a buscar por ejemplo Reiki, y de pronto te metes en un círculo de personas, las cuales todas quieren aprender Reiki. En definitiva, ATRAES a las personas que buscan lo mismo que tú.

Eso es LA LEY DE LA ATRACCION: Atraemos hacia nosotros lo que reflejamos.

La LEY DE LA ATRACCION irradia un campo a nuestro alrededor, el cual facilita que las personas que no están en nuestra onda se alejen de nosotros. Se irán de nuestro lado, pero no te preocupes, mira y veras como no te aportan nada para tu crecimiento espiritual.

Llega un momento en que empiezas a buscar el sentido a tu vida. Y tú vives con tu pareja, que no está dispuesta a entrar en esas inquietudes. Imagínate una escalera llena de peldaños, tú los vas subiendo, pero tu pareja se queda en el primer peldaño, tú la tienes cogida de la mano porque quieres que vaya subiendo contigo. Te vas dando cuenta de que vas estirando mucho la mano, y cada escalón os separa más. Según algunos dicen, llegará un momento en que esas manos se separarán definitivamente, y se rompe la comunicación entre los dos.

Ahí es donde entraría en funcionamiento LA LEY DE LA ATRACCION, la energía de nuestra pareja irá impregnándose de la nuestra, e irá evolucionando a su ritmo. Posiblemente, antes de lo que pensemos, nos encontremos hablando con ella espiritualmente.

Si tú atraes lo que piensas, o atraes lo mismo que emites, podemos decir que nos reflejamos en un espejo.

Intenta salir a la calle con energía limpia, que emane de ti: Felicidad, Amor, Bienestar, etc. Si tú vas irradiando todo esto, te vendrá a ti lo mismo, por la ley de la atracción. Si tu energía está limpia, no dejará que entre nada negativo, que ninguna energía negativa te afecte.

Se tú mismo siempre, y preocúpate de atraer cosas positivas, piensa siempre en positivo. No hagas caso de las personas que disfrutan criticando, que están instaladas en el victimismo. Si has salido de casa predispuesto a Dar energía positiva, a Dar Amor, a Dar felicidad, ¡Levanta la cabeza y lánzate!, pero con humildad, esa tiene que ser la palabra Clave: HUMILDAD.

CAPITULO XVI

EL EGO

🕊 *Todo en este mundo gira en torno al dinero, nos lo han inculcado así desde pequeños. Hemos nacido en un mundo material, en un mundo globalizado.*

🚹 *Es que en realidad no hemos conocido nada más, solo la globalización.*

🕊 *Al principio de los tiempos, y hasta hace poco, nuestros antepasados Vivian en comunidades, en las cuales todos hacían de todo. Entre todos se cultivaba la tierra, y se cazaba, todos compartían todo, y podían comer y vivir en paz. Era una sociedad que no conocía la avaricia. "Todos para uno, y uno para todos", todos eran hermanos, sí que es verdad que había siempre alguien que les guiaba. Todos necesitamos que alguien tome el papel de nuestro Padre, pero que nos guie por el buen camino, y que nos respete, como nosotros le respetamos a él.*

Con el transcurso del tiempo, empezaron a querer distinguirse los que se consideraban más fuertes. A partir de ahí, empiezan a aparecer las personas que quieren dirigirnos, teniéndonos esclavizados, mandando de nosotros, y rodeándose de gente dispuesta a servirles.

Vienen los usureros, que camelan a los dirigentes prestándoles dinero. Empiezan a dominarlos porque no siempre podían devolverlo. Por ese motivo surgen los impuestos. Aparecen los políticos, engañándonos con sus discursos de pacotilla, que nos hacen creer que todo lo están haciendo por nuestro bien. Los corruptos siempre han existido, no es nuevo de ahora, incluso en la iglesia existían.

Es muy fuerte decir que en la iglesia ya existían los corruptos.

El clero, en aquel entonces, recogía unos impuestos en el nombre de Dios. Al que pagaba más se le perdonaban sus pecados. Todo iba en base a pagar dinero, si eso no es corrupción ¿cómo lo podemos llamar? Los papas designaban a sus hijos (hermanos, o más allegados), Obispos, Cardenales o priores de convento, con el consiguiente enriquecimiento personal ¿tú no llamarías a esto CORRUPCION?

Conforme lo plantea usted, tiene razón, eran corruptos ya en aquel entonces. (Y me parece que ahora también, en la mayoría de los casos)

Ante estas corruptelas, empieza a surgir el EGO. Por culpa de él, empiezan a florecer conflictos. Todos queremos tener razón, queremos tener la última palabra en todo, pensamos que nosotros estamos en posesión de la verdad absoluta. Somos capaces de discutir, incluso de matar, por Ego. Nos produce el tener apego a las cosas con un énfasis enfermizo, querer que lo nuestro sea lo máximo.

Ya no compartimos las cosas, al hacernos egoístas dejamos de preocuparnos por nuestros hermanos, no existen más cosas que las que tengamos, a los otros que les den. Queremos que nos vean como lo máximo, los vencedores, los MAS, queremos un estatus social, que estamos convencidos de que nos corresponde. Queremos que tal o cual persona nos respeten, que haga lo que nosotros queramos.

Estamos tan ofuscados en aumentar nuestro Ego, en alimentarlo, que no nos damos cuenta de que cada vez vamos cayendo más en un pozo, que nos lleva a la energía negativa. Pero no nos importa, solo queremos ser los más populares, y los más ricos. Pero no nos engañemos, solo seremos ricos en las cosas materiales, no ricos espiritualmente. Creemos que vamos a vivir toda la vida, que podremos comprar el amor, estamos convencidos de que nos vamos a llevar a la otra vida nuestras pertenencias terrenales, nuestro dinero, "mí dinerito", "mí tesoro". Cuan infelices somos, no nos damos cuenta de que cuando abandonemos el cuerpo terrenal, marcharemos a la otra vida, pero vacíos. Nuestra energía no ha variado en nada en positivo, no hemos adelantado nada.

Nos hemos hinchado a comer bien, pensamos que estamos bien alimentados, pero estamos llenos de comida terrenal, y lo que verdaderamente va a saciar nuestro apetito es la comida espiritual. Eso, la persona que tenga EGO, nunca lo podrá tener.

Una vez se le ocurrió a alguien hacer papelitos para no tener que ir con las monedas a cuestas, puesto que podían ser atacados, y se las podían robar. A esos papelitos les llamaron dinero. Aparecieron los banqueros, usureros se les llamaba entonces.

Imagínate, que de la noche a la mañana, dejase de existir el dinero, los que están en la alta elite social, que solo tienen dinero y propiedades urbanísticas, no podrían comer. Tendrían que ir a pedirle a su empleado, tendrían que dejar de lado su EGO, y bajarse a la realidad espiritual. La persona espiritual, lo primero que es, es HUMILDE, no conoce el EGO, se ha dado cuenta de que el EGO solo le ha llevado a conflictos, prefiere ser feliz antes que tener la razón.

¿QUIERES SER FELIZ, O PREFIERES TENER LA RAZON? tú tienes la libertad de elegir, las dos cosas son incompatibles. SI PREFIERES TENER LA RAZON, vas a discutir con tu hermano, porque estas convencido de tener la verdad absoluta, aquí podemos definir el EGO. Por el contrario, la frase QUIERO SER FELIZ, implica el no discutir con nadie, puesto que te es indiferente el tener o no tener razón, simplemente no entras en el conflicto. Cuando alguien intenta discutir contigo no le prestes atención, siempre deberíamos de aplicar las preguntas que nos hacíamos en otros capítulos, ¿lo que vamos a discutir, me va a beneficiar en mi avance espiritual?, ¿o por el contrario no?". Como no va a servir de nada, no entres en la discusión, no le sigas su juego, tu solo limítate a SER FELIZ.

Llega el tren de la espiritualidad, es hora de que te subas a un vagón y SEAS FELIZ.

CAPITULO XVII

LAS RELIGIONES

¿Existe un DIOS, único y verdadero, sobre todos los otros?

SI, si existe, pero con matices.

Con matices, puesto que, como sabes, existen infinidad de religiones, todas ellas muy respetables y cada una de ellas, cree que posee la verdad. Todas creen que su Dios es el verdadero y que en esa religión es donde te vas a salvar en el fin de los tiempos, cuando tengamos que rendir cuentas delante de él.

Sí estamos hechos a su imagen y semejanza, como defendemos, formamos parte de él. Todos nuestros hermanos, aunque profesen religiones diferentes, también forman parte de Él. Por consiguiente, ¿quién tiene la razón? Tú intenta comportarte cómo crees que te debes de comportar contigo mismo, lo importante es Uno mismo, intenta aplicar las enseñanzas que has recopilado de tus experiencias espirituales, y ellas te llevaran ante el DIOS verdadero.

Pero....... no me ha contestado cual es la verdadera religión.

Sí que te he contestado. Si lo piensas DIOS está en todas partes, está en TODAS LAS RELIGIONES sin excepción. Todas las religiones son verdaderas, puesto que todas te llevan a la misma finalidad, a la misma meta, es decir, a DIOS, (También llamado: JEHOVA, ALA, YAVEE...).

Todas las religiones parten de una base común. Cada una de ellas tiene su propia idiosincrasia, pero todas persiguen el bien de las personas, su espiritualidad. Alcanzar su verdadero SER.

Está en nuestro interior el dejar libremente que cada uno viva su religión, pero respetando las otras. Ay de aquel que se crea superior, que se crea que solo la suya es la verdadera, cuan equivocado estará. En su ofuscación será incapaz de ver más allá de su frente, de ver la verdadera intención de la religión.

Incluso aquellos que son Ateos, que no creen en nada, si solo se preguntasen: "De dónde venimos"...... Se darían cuenta que alguien, sea quien sea, tuvo que hacernos crecer, tuvo que darnos vida. Uno tiene que ser muy burro, o muy cerrado de mollera, para no ver que existe UN ALGO, UN TODO.

Todas las personas, creyentes y no creyentes, siempre se han aclamado en algunos momentos a ese ALGO, a ese TODO. Se le puede llamar Energía, Dios, o como quieras.

Solo tienes que pensar, que cada uno es como es, tiene su forma de pensar, tú no eres nadie para influir en sus pensamientos. Si alguien cree que es mejor ser Católico, respétalo; si otro cree que es mejor ser Budista, respétalo también; si otro cree que es Musulmán, aprende a respetarlo; igual que Adventistas, Testigos de Jehová, etc. Respeta a todos, y por ende, RESPETA TODAS LAS RELIGIONES, en la convicción de que todas están en posesión de la VERDAD, no lo dudes.

Jesús dijo:-"Ama a tu prójimo, como a ti mismo". Tu prójimo es tu hermano, también es hijo del Padre, y la mejor forma de amarlo es con el mismo Amor con que Dios, nuestro padre, nos ama a nosotros. Con la única diferencia, de que su amor, es AMOR INCONDICIONAL. Nosotros, con nuestro comportamiento, podremos dar amor a nuestros hermanos, independientemente de su Religión. ¿Quién soy yo para juzgar a mi hermano? No soy nadie, es más, solo tengo que tener pensamientos positivos hacia ellos.

Si analizamos las palabras dichas anteriormente, veremos que no nos debe importar que una persona idolatre a otro Dios que no sea el nuestro, puesto que en todos los Dioses está la verdad. Nosotros hemos sido enseñados en la Doctrina Cristiana, de la cual solo deberíamos recoger las enseñanzas positivas. No hacer caso de los cuentos que se han inventado algunos de la alta curia para mantenernos en el miedo, alimentando nuestra ignorancia y el odio hacia otras religiones. Todos recordamos lo que nos decían de pequeños, que si nos salíamos un poco del camino que había marcado Dios iríamos al infierno. Los infieles (que eran los practicantes de las otras religiones) estaban condenados al infierno, solo por no ser cristianos.

Que poca visión tenía, (o a lo mejor, resulta que tenían mucha visión y sabían que si nos enseñaban a respetar todas las religiones ya no podrían mantenernos en la ignorancia, la cual lleva a tener miedo, y ese miedo nos esclaviza). Dios no hubiera querido que creciéramos en el miedo, pero para ver hasta donde podrían llegar con sus artimañas, Dios les ha ido dejando que nos manipulasen.

Se acerca el momento en que dejaremos de tener miedo, en que nos abrazaremos todas las religiones, en que verdaderamente, lo que imperará es el Amor.

Entramos en una Nueva Era, en las que todas las cosas, incluso las energías, volverán a su sitio. Asistiremos a unos cambios terrenales, en que prevalecerán el Amor y la Bondad sobre las necesidades, sobre los intentos de algunos en que sigamos en el Miedo, para tenernos bajo su yugo.

Se nos caerán los velos de los ojos, para darnos cuenta por nosotros mismos de las cosas que verdaderamente nos tienen que importar.

El mundo espiritual, el verdadero, se nos presentará delante de nosotros para que podamos entrar en él.

Ya lo dicen: "LA VERDAD OS HARA LIBRES", y la verdad no está solo en manos de la Iglesia Católica. La libertad está en las manos de TODAS LAS RELIGIONES. DIOS no puede diferenciar a sus hijos, tenlo por seguro.

CAPITULO XVIII

LA MEDITACION.

🚹 Don José, la gente dice que es bueno meditar, ¿qué hay de cierto en eso?

🕊 La meditación es fundamental en nuestra vida. ¡Si, debemos meditar!

Si hacemos caso a la cultura Budista, en la meditación está el Todo. Meditando, los Budistas dicen que pueden llegar a encontrar su verdadero YO, y tienen razón, ¡así es!

Jesús, Buda, Mahoma, ya se retiraban a ORAR, a MEDITAR. Ya nos enseñaron, en su tiempo, que era importante y que era un arma para poder escucharse a sí mismo. Y ellos, no nos dejarían una enseñanza que no nos sirviese para superarnos a nosotros mismos. Otra cosa es que nosotros no les hayamos hecho caso, o lo hayamos dejado de lado.

Partiendo de esta base, todo lo que yo pueda decirte, te podrá parecer una tontería. Pero bueno, voy a intentar hablarte de la meditación.

En esta vida estamos acostumbrados a momentos estresantes. Solo pensamos en el trabajo y en cómo hacernos ricos, lo que nos lleva a tener más trabajo. Estamos absortos en intentar tener más y más riqueza, sin importarnos las cosas sencillas de la vida. No nos fijamos en aquellas cosas sencillas que nos aportan tranquilidad: un bello paisaje, un amanecer, coger a tu pareja de la mano, abrazar a tu pareja... sin pensar en nada, solo disfrutando del momento.

Hemos llegado a tales extremos, que tenemos que decir: ¡basta ya! Pararnos un momento y reconstruir nuestra vida, dejar aparcadas las cosas que solo nos hacen padecer, las cosas que solo nos estresan. Debemos buscar nuestra tranquilidad, en definitiva, ver la vida desde otro punto de vista.

La Meditación es un arma que nos dejaron, como ya hemos dicho, para que pudiéramos hacer uso de ella cuando nosotros quisiéramos. Ya va llegando el momento de hacer uso de ella.

No hace falta ser un maestro para practicarla, ya hemos dicho que no existen maestros y alumnos, todos somos alumnos de todos.

Todas las personas pueden meditar. Solo necesitas, y es imprescindible para ello, crearte un entorno, no es preciso que sea un monasterio o un templo, ni hacerte tu propio templo en tu casa. No necesitas invertir ni un solo euro, solo necesitas la intención. Solo tienes que buscar un sitio agradable en tu entorno, donde apenas se aprecien los ruidos.

Déjate llevar, no quieras encontrarte, a la primera, dentro de tu yo interno. No te rindas si al terminar la meditación no has llegado a conectar con nada, porque el evadirte un momento de la vida cotidiana repercute positivamente en tu salud.

Una vez encuentres un entorno agradable, busca la posición en que estés más cómodo (en la posición de loto, acostado...). Cada persona encontrará la posición que más le convenga.

Una vez tengas el Entorno y la Postura, puedes poner música relajante. Ahora Cierras los ojos, y céntrate en alguna cosa en concreto. Los que enseñan yoga, dicen que hay que poner la mente en blanco, lo dicen como si todos tuviésemos esa capacidad. Aquellos que no pueden dejar la mente en blanco, que no se preocupen, que no desistan, pero mientras tanto, pueden dirigir su mente, por ejemplo, a observar y dirigir su respiración. El que tu estés pensando en tu respiración ya es una forma de ocupar tu mente, no dejar que se vaya por los andurriales, que esté centrada en algo.

Ya tenemos el Entorno, la Postura, y música relajante. Ahora, hay que centrarse en la respiración. La respiración es muy importante, debemos intentar respirar desde el plexo solar, desde el estómago. Yo Inspiro profundamente contando hasta cinco, después paro y cuento hasta cinco, Expiro contando hasta cinco y vuelvo a parar contando hasta cinco.

INSPIRO	PARO	EXPIRO	PARO
1,2,3,4,5	1,2,3,4,5	1,2,3,4,5	1,2,3,4,

Ya tenemos: EL ENTORNO, LA POSTURA, LA MUSICA y LA RESPIRACION. Ahora solo nos quedaría disfrutar del momento. Yo os aconsejo observar, el cosquilleo que recorre nuestro cuerpo, LA ENERGIA, y la PAZ interior, que vamos teniendo. Ese cosquilleo pasará por todo tu cuerpo, y al observarlo notarás el fluir de la energía, CANALIZARAS la Energía. Cuando tengas la consciencia de que tú eres ENERGIA fluyendo por tu cuerpo, te darás cuenta de que puedes modelarlo y te sentirás capaz de sanarlo y evitar que las enfermedades entren en él.

CAPITULO XIX

EL DINERO

¿Cómo puede nuestro padre permitir que existan ricos y pobres?

La diferencia entre ricos y pobres en el plano espiritual no existe.

Ya sabemos que hay personas que han tenido más suerte que otras, y poseen una inmensa fortuna, y otras que no tienen ni donde caerse muertas. Es una elección de uno mismo.

¿Porque no elegimos ser todos ricos y no padecer las penurias de la vida?

Tú mismo lo has definido, penurias de la vida. Si fuéramos todos ricos y felices, no tendríamos ningún problema, no tendríamos penurias. Entonces, ¿qué retos nos podríamos poner para superar en esta vida?

Cuando estamos en el "CIELO" todos somos felices, todo es amor, y nadie es más que nadie. Es una existencia placentera, estamos felices con nuestro Padre. Pero llega un momento en que queremos superarnos, ver si somos capaces de superar un reto, el cual nos marcamos nosotros mismos.

¿Te has parado a pensar que a lo mejor el rico ha elegido ese reto, solo por experimentar que sensación tiene? (si puede ser más que otros, si puede tener esclavos que trabajen para él...)

Una forma que tiene el rico de ayudar a los otros puede ser dando trabajo a la gente (empleados), o siendo mecenas de algún artista, o donar dinero para caridad. No sabemos cuál es la misión que ha escogido.

Por otra parte, el Pobre puede haber escogido esa misión para poder comprender los problemas que ello conlleva. No somos nadie para juzgar lo que desconocemos.

A veces, intentarás ayudar a alguien y no querrá. Otras veces será él quien te pida ayuda, alégrate si puedes dársela. El mero hecho de ayudar a alguien bajará tu Ego y por el contrario hará que tu Humildad eleve su vibración.

Cuando una persona, por cualquier circunstancia, pierde su empleo, deberá buscar el sentido positivo de lo que le ha pasado. Ya sé que es muy bonito el decirlo, es muy bonito intentar ponerse en la piel del otro. Es muy difícil ver el lado positivo de todo esto en cuanto a lo mejor está pendiente de perderlo todo por no poder hacer frente a la hipoteca. Es más cómodo caer en el victimismo, pero debes pensar que en Victilandia es muy difícil salir y solucionar el problema. ¿Comportándote de esa manera, vas a poder pagar tu hipoteca? Revélate!! Intenta encontrar algún otro trabajo que te permita hacer frente a tus pagos.

Nunca debes de perder la esperanza, a lo mejor te has quedado en el paro porque era el momento en que tenías que dedicarte a otra cosa, la cual, en tu anterior trabajo no tenías tiempo para hacerla.

El dicho de que: "DIOS aprieta, pero no ahoga", ¡cuán cierto es!, no te preocupes, la divina providencia proveerá, ¡confía!

Para que existan los ricos, tienen que existir los pobres. Ser Pobre no significa que no tienes nada, tu espiritualidad no te la puede quitar nadie, encuéntrate con ella, y te aseguro que el poder lo tendrás tú, tu DOMINARAS TU VIDA.

¿Cuántos ricos con mucho dinero están vacíos?, están vacíos en su interior, no les llena nada más que hacer dinero y más dinero. Como decía el de los hermanos Marx: - "más leña, más leña". Como si las cosas terrenales pudieran servir para algo en el mundo espiritual.

No debemos darle mayor importancia al dinero. Cuanta menos importancia le des, menos perderás tus energías en buscarlo. Podrás pasar en un momento determinado penurias, pero intenta mirarlo desde la parte positiva, no caigas en el victimismo, tu Padre no te va a abandonar.

No desees la riqueza de otro, a ti no te va a faltar nada. Las cosas materiales van y vienen, unas veces estarás sobrado, y otras te faltará el dinero, pero cuando lo necesites llegara a ti de la forma menos pensada. ¡Ten FE!, en tus hermanos, en las personas que te rodean, donde menos te lo esperes saltara la liebre. Pero tener fe no significa hacerse cómodo y esperar sentado a que el universo te provea de lo que te falte. Si tú te mueves la energía fluirá y te proveerá abundantemente, si no haces nada la energía se estancará.

Te voy a poner un ejemplo para que lo entiendas.

El otro día, en la televisión, en un programa de los muchos que se dedican a competir varias personas para conseguir dinero, hubo una persona que se llevó un bote fantástico, un bote que bien administrado le podía permitir vivir cómodamente hasta el resto de su vida.

Esta persona se había quedado en el paro, pero no se conformó siendo una víctima esperando a que el universo le proveyera de sus necesidades. Todo lo contrario, al darse cuenta que se había quedado en el paro se planteó el hacer algo que trabajando no podía hacer por no tener tiempo, que era estudiar y prepararse para presentarse a un concurso para conseguir dinero. Posiblemente mirando la parte positiva dio un paso adelante no refugiándose en la situación que había adquirido al quedarse sin empleo y logró con su empeño conseguir un bote millonario que le permitiría vivir hasta el resto de su vida sin preocupaciones.

Tú deberías pensar si por alguna casualidad te quedas sin trabajo el dar un paso adelante para cambiar tu situación.

Solo cuando estés en el buen camino, tu espiritualidad ATRAERA lo que necesites para poder hacer frente a tus deudas, e incluso más, para que no padezcas en tus necesidades económicas y te puedas centrar solo en tus NECESIDADES ESPIRITUALES.

CAPITULO XX

LOS MINUSVALIDOS.

Don José, perdone, me puede decir por qué nace gente enferma, es decir, que no están bien, y ¿Pasan toda la vida siendo niños?

¿Cómo te lo podría explicar? Tú ya sabes que nosotros elegimos el nacer en una familia u otra. Y al mismo tiempo, elegimos que es lo queremos superar. Vemos que nacen niños con problemas psíquicos, no pueden razonar e incluso a veces ni valerse por ellos mismos. Algunos nacen y pueden caminar, y por el contrario, otros se quedan en una silla de ruedas para toda la vida.

Ten la convicción que ellos mismos han elegido venir de esa forma a este planeta. Es una forma de superar una prueba, sentir en sus propias carnes todo lo conlleva este problema. Aunque parezca que no sienten nada, se enteran de todo. Son personas especiales que carecen de sentimientos terrenales, tales como celos, envidias o rencores. La gente dice de ellos que son como ángeles sin pecado alguno. Verdaderamente, no tienen pecado, han venido para superar esa faceta y al mismo tiempo han venido a AYUDAR a la familia en la que han elegido nacer.

Digo Ayudar porque si analizamos el papel que realizan entre los miembros de su familia, éste es de unión y desunión a partes iguales. Quizá no nos damos cuenta de que esa persona que nos abandona estaba predestinada a hacerlo. Me refiero, por ejemplo, a esos casos en los cuales un hombre, movido por el ego y agobiado por la responsabilidad que supone, abandona a su mujer cuando descubre que ésta ha dado a luz a una personita especial. Este tipo de acciones no ayudan a la evolución del ser humano.

Las personitas "especiales" solo con una sonrisa, un abrazo o un beso llenan tu día y sus padres se sienten los más felices del mundo. A veces, con una mirada te lo dicen todo, te agradecen que los cuides, no tienen ningún pecado, no anhelan nada de lo material.

No te lamentes ni adoptes una postura victimista, ni pienses: "Señor, ¿Por qué me ha tocado a mí? ¿Qué he hecho yo para merecer esto?" Tú no has hecho nada, tú no tienes culpa de nada, no te hagas la víctima, han sido ellos los que lo han elegido. Tú solo busca la parte positiva de todo esto. Tu capacidad de dedicación a tu hijo te convierte en un ser Grande, capaz de ver la realidad y el amor.

¿No me negaras que por el mero hecho de tener un niño "especial" no ves los problemas de una forma diferente a otros? Donde otros ven un conflicto, tú no lo ves así, tú solo ves la cara de tu hijo al darte un beso o sonreírte y te sientes realizado. Esa es la sensación más maravillosa del mundo. Sólo quieres protegerlo y concentrar tu energía en su cuidado.

Ellos puede que no hablen contigo, que no tengan la facilidad de palabra para comunicarse contigo, pero ten por seguro que ellos hablan directamente con DIOS, tienen línea directa pues en su interior sí que son puros.

Hay padres que rechazan a estos niños, no saben lo que se pierden, no podrán nunca apreciar el sentimiento que ellos emanan. Emanan verdaderamente AMOR incondicional. Ellos no esperan de ti, por ejemplo, que les compres un coche, o que les regales esto o lo otro, te dan su amor INCONDICIONALMENTE.

Pasarás algunos días malos, no todo será de color de rosa, pero al final quien más recibe eres Tú, por mucho que te priven de realizar algunas cosas que tú quieras hacer.

Sus hermanos pueden sentirse desplazados por el mero hecho de que sus padres dedican más tiempo y cuidado a estos niños "especiales" porque muchas veces no pueden valerse por sí mismos. Sin embargo tú no quieres a un hijo más que a otro.

Si te pasara esto no te preocupes, cuando vayan haciéndose mayores se darán cuenta de que no tenían que tener celos de ellos. Por el contrario deben estarles agradecidos de que hubieran nacido en su familia, porque les ayuda a crecer un poco más en la espiritualidad, y al mismo tiempo se convierten en personas más HUMANAS.

Con el paso del tiempo comprenderán por qué le has dedicado más tiempo a esa personita “especial” que a ellos.

Piensa que estos niños “especiales” SON LOS QUE TE DAN EL AMOR INCONDICIONAL que necesitas y te permitirá ser MEJOR PERSONA.

CAPITULO XXI

LA MUERTE

🕴 Perdone, Don José, quisiera hacerle una pregunta que me ronda por la cabeza hace tiempo y no encuentro explicación.

🕊 ¡Tú dirás!, ¡pregunta!

🕴 ¿Porque hay gente que viene a este mundo y se muere prontísimo y otros que llegan a muy viejos?

🕊 Esta pregunta siempre se la han hecho muchísimas personas a lo largo del tiempo.

Como ya sabes hemos venido a este planeta a superar alguna prueba para poder evolucionar hacia el TODO. Cuando queremos nacer decidimos en qué familia queremos nacer y las pruebas que deseamos superar en este mundo. Algunos han querido experimentar el sentimiento de la Muerte

Hay personas que deciden morir tempranamente. Somos libres de elegir el momento de nuestra muerte. La diferencia entre morir joven o morir viejo depende del plan escogido para venir aquí. Las familias que sufren la pérdida de un ser querido a temprana edad deben superarlo y pensar que ha sido elección de él.

La realidad es que todos tenemos una misión en esta vida y cuando la cumplamos nos iremos.

Tenemos que plantearnos la muerte como un paso que tenemos que dar, unos antes y otros después. Pero es un paso de Felicidad. Nuestros ancestros honraban a la muerte, la miraban de otra forma diferente a la nuestra, la aceptaban porque sabían en su interior que era un paso que se debía de dar y que nos llevaba a encontrarnos con nuestro PADRE

Aunque pensemos que hay gente que muere muy pronto por circunstancias, debemos tener presente que el tiempo es efímero y no existe correspondencia del tiempo terrenal con el celestial. Porque el tiempo no existe, es una variable creada por el hombre. Esto significa que un año en el cielo puede ser lo mismo que mil años en la tierra, o al contrario.

CAPITULO XXII

EL FIN DEL MUNDO

¿Es verdad que viene el fin del mundo según dicen algunas profecías?

No te creas ni la mitad de las cosas que dicen por ahí referente a tal o cual profecía. Muchas profecías no han sido bien interpretadas, y otras han sido inventadas por algunos que lo atribuyen a otras civilizaciones para darle más empaque a las cosas. Existen otras que siendo ciertas no se cumplen y hay otras que si se cumplen.

Nos han llegado muchas profecías a través de los tiempos que no se han cumplido, no por ello debemos pensar que no eran ciertas, más bien al contrario. Las profecías se nos dieron no con la intención de que se cumpliesen sino que fuesen una señal para que cambiáramos el rumbo que llevábamos y pudiésemos evitarlas, siendo un aviso de lo que nos podría pasar si no se producía un cambio. Para poder comprender esto deberíamos pensar en el padre que está diciéndole a su hijo que está en el columpio: -"¡caerás!, ¡caerás! ¡Mira que te caerás!- esto sería una profecía en sí puesto que estás profetizando algo que sucederá si no pone remedio. Si en un momento no para y se cae la profecía se cumple, si por el contrario para y baja del columpio la profecía no se cumple pero porque el niño ha puesto el remedio para ello. De esta forma hemos aprendido que tenemos el poder de cambiar las profecías y que éstas no son más que avisos de lo que puede pasar.

El fin del mundo no está cerca, está muy lejos aún. Este mundo tal cual lo conocemos no se va a terminar porque aunque se extinguieran algunas especies aparecerían otras nuevas. Que el ser humano se extinga depende de nosotros, de cómo conservemos este planeta y de lo que estemos dispuestos a poner de nuestra parte para que esto no suceda.

El fin de la vida al que se refieren las profecías no significa que vayamos a desaparecer, más bien se refiere a un cambio en la forma de vivir que llevamos.

¿Qué podemos hacer para cambiar y que no se cumplan las profecías?

Estamos en la ERA DE ACUARIO, en la cual se van a presentar los cambios que muchos anuncian, desapareciendo muchas de las cosas negativas que existen, por lo cual el mundo ya no volverá a ser como ahora.

Las personas tendrán que ser más Humanas, ser mejores con nuestros hermanos.

Vamos a tener que cambiar la forma de vivir, tendremos que ir dejando por el camino algunas cosas materiales, a las que les habíamos dado mucha importancia pero en realidad no la tienen. Todo lo que no te vaya a permitir avanzar en lo espiritual lo tendremos que descodificar, es decir, tendremos que desprendernos de ello. En la Era de Acuario se va a imponer solamente EL AMOR.

El cambio no será tan rápido como quisiéramos, ya que aunque ocurra durante la Era de Acuario, ella nos va a acompañar por miles de años, como mínimo dos mil años.

¡Imagínate en ese periodo de tiempo las cosas que pueden pasar! Parece difícil ahora que la gente vuelva al amor y vaya abandonando las cosas terrenales. Pero llegará un momento en que no necesitaremos por ejemplo ni coches ni aviones, nosotros mismos podremos viajar a donde queramos (hoy ya se conocen los viajes astrales, pero también podría ser posible la teletransportación). Cuanta más energía positiva dispongamos en nuestro cuerpo terrenal más fácil nos resultará viajar astralmente.

El viaje astral consiste en el desplazamiento de nuestro cuerpo astral (energía) de un sitio a otro mientras nuestro cuerpo físico se mantiene en reposo. La teletransportación consiste en el desplazamiento instantáneo de nuestro cuerpo físico a otro punto.

Aunque haya gente que ahora no se lo crea, la ciencia avanza a pasos agigantados, ¿quién puede negar que dentro de poco se invente una máquina que tengas en casa y te puedas trasladar al sitio que quieras? entonces, ¿para qué nos van a servir los coches y los aviones? Para nada.

Cuando seamos conscientes de que las cosas materiales no nos van a servir para nada en el mundo espiritual y no les demos tanta importancia llegará el cambio. Cuando llegue ese cambio las profecías sobre el fin del mundo no se cumplirán.

CAPITULO XXIII

LA LUZ Y LAS TINIEBLAS

🕊 Te propongo que comentemos algo sobre la LUZ Y LAS TINIEBLAS.

🚶 ¡Como usted quiera!

🕊 Quiero hablarte de la verdadera LUZ, no me refiero a aquella luz que se enciende al darle a un interruptor sino a la luz espiritual.

Por efectos de la dualidad existen la luz y las tinieblas, una está en el polo positivo y la otra en el negativo.

Las tinieblas son la energía negativa. Energía dominada por Lucifer.

La luz es la energía positiva. Energía que procede de Dios.

Todos en nuestro interior llevamos la luz.

Cuando encuentres tu LUZ dejaras de ver tinieblas donde no las hay, serás el dueño del mundo, tu mundo.

En ese momento emanaran de ti rayos. Unos rayos brillantes, potentes, blancos y puros. De esa forma conseguirás repeler las tinieblas que intenten acercarse a ti, las tinieblas que te quieren tentar para que vayas a ellas.

Imagínate una competición en la que existen dos bandos. Un bando, llamémosle tiniebla, intentará por todos los medios reclutar jugadores para ser más y poder ganar el partido, por el contrario el otro equipo, llamado LUZ, va a intentar lo mismo, reclutar a cuantos más mejor para ganar el. En definitiva, estaremos a merced de los dos para desarrollar el partido, pero ahí es donde entras tú.

¿Cómo sabremos si estamos en el equipo de la Luz o en el de las tinieblas?

Deberás escuchar a tu corazón para saber si estas en la luz o en las tinieblas.

Si tus pensamientos te producen, satisfacción, paz y tranquilidad… no lo dudes, estás en el camino de la luz.

Si por el contrario al reparar en nuestros sentimientos no experimentamos los sentimientos anteriores estás en el camino de las tinieblas. No tienen por qué ser sentimientos de culpa, envidia o rencor, solamente sentimientos sin ningún sentido, ni sensación. Se nos podrán presentar las cosas muy bonitas pero acuérdate que Lucifer ya intentó tentar a Jesús en el desierto,

¿porque no va a intentar tentarnos a nosotros? Cuanto más vayamos evolucionando más le va a costar a Lucifer tentarnos, así que nos irá dejando de lado. Lucifer sabe que delante de la Luz tiene todas las de perder. Si tu enciendes una candela en una habitación muy oscura por muy pequeña que sea la llama creará a su alrededor un halo de luz que sobresaldrá de las tinieblas, cuanto más grande sea la llama menos oscuridad habrá en la habitación.

Las tinieblas lo único que pueden conseguir en ti es que vayas atrasando tus pasos para la superación, nada más. No "te van a llevar al infierno donde arderás por el resto de tu existencia", eso son invenciones para tenernos bajo el manto del miedo. Es más fácil dominar a alguien que está bloqueado por el miedo, ya que es incapaz de reaccionar. La Iglesia en el devenir de los tiempos nos ha estado mintiendo, EL CIELO y EL INFIERNO sí que existen, pero están en cada uno. Acuérdate que somos elementos en un partido que tiene dos equipos,

Tenemos varios cuerpos y uno de ellos sobresale de los demás, es el cuerpo astral que llamamos AURA.

El aura es de varios colores. Ellos nos indican si nos encontramos bien o tenemos alguna enfermedad, si somos más o menos espirituales. No siempre tenemos el mismo color, dependiendo de cómo nos encontremos el color varía, incluso diariamente. No es preciso tener un solo color en el aura, hay personas que llevan muchos colores juntos como si fuera un arco iris.

Hay personas que tienen el don de ver el Aura, también hay aparatos que permiten fotografiarla. De esta forma podemos interpretar nuestro estado de ánimo.

Según los expertos cuanto más claro sea el color de nuestra aura, significa que estamos más introducidos en este mundo espiritual. Y cuanto más oscuro sea el color de nuestra aura más nos estaremos alejando del mundo espiritual. Un aura negra significa que esa persona está en las tinieblas.

Piensa que la luz está dentro de ti y cuando tú estés dispuesto ella emanará llevándote hacia un mundo diferente al que estás acostumbrado. No tengas miedo será un mundo de Amor y Felicidad.

CAPITULO XXIV

PUEDO Y QUIERO

🕴 Siempre hemos oído esa frase de "querer es poder" y me parece que no es cierta.

🕊 ¿Porque dices eso?

🕴 Por muchas cosas, por ejemplo yo quiero ser millonario pero no lo consigo.

🕊 Cuando evolucionamos tenemos el poder de orientar entonces nuestra vida como queremos. Tenemos el PODER de conseguir lo que nos propongamos. Puedes conseguir el dinero que tu pides, si verdaderamente lo QUIERES el universo te lo proporcionará. En el momento en que nosotros estamos deseando una cosa ya se pone en marcha el universo para que la consigamos.

QUERER ES PODER, PODER ES QUERER.

La mejor forma de conseguir las cosas es poniendo nuestro empeño en ello. Al universo le da igual lo que le pidas, ¡tú pide! él está ahí para proporcionártelo, para cumplir tus órdenes. Para el universo el dinero no tiene ningún valor, le da lo mismo la cantidad que le pidas.

Para conseguir dinero tienes que poner tu intención y repetirlo muchas veces para que el universo te haga caso y te lo entregue.

Lo único que tú tienes que analizar si verdaderamente has puesto toda tu intención cuando se lo has pedido al universo o simplemente te has limitado a repetirlo sin hacerlo de corazón.

Querer es poder, cuantas veces pensamos *"no puedo, yo ahí no llego, es muy difícil, casi imposible que pueda alcanzarla"*. Piensa en que intención pones en ese momento…. Ni tú mismo te estás creyendo que puedas llegar antes de intentarlo. ¿Qué mensaje estás entregando al universo? Eso es lo que te pasará.

Dicen que la fe mueve montañas, pero la intención de corazón obra milagros.

Sería bueno que repitiéramos a lo largo del día varias veces la frase ***"puedo ser mejor y quiero ser mejor"***. A medida que lo vayamos repitiendo nuestro subconsciente ira dándole un trato de preferencia a nuestro deseo y lo conseguiremos sin apenas darnos cuenta.

Visualiza las cosas, imagínalas como a ti te gustaría que fuesen. Cierra tus ojos y deja que fluya la visualización de lo que deseas, (ahí puede entrar también el dinero, jejeje). No tengas miedo de fantasear mucho, visualiza lo que quieras conseguir. Pero visualízalo con FE, tu mente entrará en contacto con ello y te darás cuenta de la FUERZA que tienes, de que QUERIENDO SE PUEDE. Esto te puede servir para visualizar un mundo mejor o tu ascensión a la Luz.

Todas las personas que han alcanzado algo grande en esta vida es porque han puesto su intención y su poder en conseguir lo que han visualizado. Napoleón en clase era uno de los últimos, pero cuando él se propuso y se empeñó en conseguir su meta fíjate lo lejos que le llevo la vida. Napoleón puso todas sus ganas en conquistar y lo consiguió. ¿Qué hubiera sido de la historia si Napoleón se hubiera conformado con ser de los últimos de la clase?

Tú tienes el poder de cambiar este mundo con tus pensamientos. Vivimos en un mundo de caos, violencia, corrupción, asesinatos, secuestros... Tú tienes el `PODER´` de cambiarlo, tienes una FUERZA inmensa. Solo tienes que tener FE en ti mismo. Tienes que querer y creerte que tú PUEDES.

Asistiremos al despertar de UNA NUEVA ERA y en ella nos daremos cuenta de nuestra verdadera fuerza, el maravilloso poder de nuestra MENTE.

Un maestro decía “nada sucederá en tu vida si tú no lo quieres” y una vez creas en esto no habrá límite para tus metas.

Márcate unas metas e intenta ir superándolas poco a poco. No desfallezcas en el empeño. Si intentas correr una maratón sin haber entrenado no lo lograrás, pero si te vas entrenando poco a poco podrás correr esa maratón. Tienes que ir pasito a pasito, seguro que los que construyeron las grandes catedrales fueron haciéndolas poco a poco y hoy en día aún se admira su obra.

Márcate la meta que se te antoje por muy inverosímil que te parezca y Dios en su infinita misericordia te ayudará en el camino. No va a ser fácil el camino pero todos los obstáculos que se te presenten te ayudaran a acercarte más a la meta, los obstáculos los superarás y estarás más cerca de tu propósito.

Si tus pensamientos son tus armas.... rodéate de pensamientos positivos, hazte dueño de tus pensamientos, moldéalos para que solo sean pensamientos positivos que son los que te abrirán el camino hacia tu interior.

San Agustín, dijo *“toda la vida, la he dedicado a buscar a dios, y resulta que dios estaba en mi”*

Debemos llevar una vida acorde con nuestros pensamientos. Tenemos que intentar que sean positivos siempre y aplicarlos en nuestra vida.

Debemos saber que los pensamientos positivos aumentan nuestras buenas vibraciones, nos elevan. Al aumentar nuestra vibración evitamos que los seres malignos invadan nuestro espacio energético, ya que ellos están por naturaleza en una vibración inferior.

QUERER ES PODER. Debemos estar convencidos de nuestro poder interior y utilizarlo para hacer un mundo mejor donde todos tengamos cabida, donde todos seamos hermanos, nos respetemos y podamos vivir en paz. Si pusiéramos la intención en esto lo conseguiríamos.

CAPITULO XXV

EL YO

A muchos se les llena la boca con esta palabra: **Yo.** *Yo soy Arquitecto, Yo soy médico, Yo soy Político, yo he hecho esto, yo he hecho aquello...* Se les llena la boca con esta afirmación y están supersatisfechos de ello. Tienen todo el derecho a estar satisfechos, pero también existe el yo espiritual.

El YO ESPIRITUAL lo llevamos dentro, algunas personas lo encuentran sin apenas esfuerzo y otras necesitan de algún estímulo para descubrirlo.

Busca en ti algún resorte para darle la vuelta a tu vida y que empieces a mirar en tu interior y vuelvas tu percepción hacia adentro e intentes ver tu corazón. Yo te aconsejo que cierres tus ojos y hagas esa operación, al principio te va a costar pero poco a poco llegarás más a tus adentros.

Vamos a suponer que en nuestro interior existen dos niveles. Imagínate que está formado por planta baja y primer piso.

En el primer piso están las cosas racionales y cotidianas, todas las cosas, que nos han enseñado desde pequeños y que hemos ido acumulando en nuestro subconsciente: el subconsciente terrenal. El cual estamos convencidos que es el único que existe. Prácticamente vivimos en el primer piso, para nosotros aún no existe la planta baja.

En la planta baja habita nuestro Subconsciente Espiritual, que es donde tenemos grabadas todas nuestras vivencias Espirituales, en definitiva, todas nuestras vidas anteriores. Si lo encontramos nos daremos cuenta, de lo felices que somos, de que no nos falta verdaderamente nada. Tenemos de todo, de todo lo que se puede esperar espiritualmente, un mundo lleno de amor, un mundo espiritual, pleno, lleno de gozo, lleno de Luz.

El primer piso tiene una trampilla que nos da acceso a la planta baja, pero que generalmente somos incapaces de verla desde pequeños. Por suerte un día caminando se te engancha el pie en su pomo, te levantas y te das cuenta de que por arte de magia aparece una abertura a tus pies que nunca habías visto.

En los libros de UN CURSO DE MILAGROS algunos escritores describen este pasaje explicado como si fuera un cuento para entenderlo mejor. Ten presente que los cuentos creemos que están hechos para los niños pero no es así. Aunque los niños tienen la mente más abierta que los adultos. Los niños no cuestionan la mayoría de las cosas, pero si no les interesa algo o ven que no les sirve para nada lo lanzan a la papelera igual que si fuera un juguete y lo olvidan.

A mí me gusta mucho este cuento, dice así:

> ..... "" *Había una rueda de una carreta que tenía un trozo roto en su circunferencia, por consiguiente no podía ir igual de rápida que las otras ruedas y ella siempre decía:-"Señor, haz que encuentre el trozo que me falta y así podre ir al mismo ritmo que mis hermanas"-, y por todos los caminos que pasaba si había algún trozo de*

carreta se lo probaba a ver si le venía bien. Y mira por donde un día pasó por un camino, cogió un trozo de carreta que había en el suelo y se lo probó. El trozo de rueda le venía como un guante, perfecto, se notaba que era verdaderamente el trozo de madera que le hacía falta. .Empezó a dar saltos de alegría, a dar las gracias a Dios por ponerle ese trozo de madera en su camino, se lo acopló perfectamente y se fue junto a sus hermanas, las otras ruedas, dispuesta a disfrutar de su función de rueda. Y llegó la mañana y toda contenta estaba ella. Por fin podría hacer como las otras. –"Buenos días- les dijo a las otras ruedas, y todas le contestaron. Cuando se acopló al carro empezó el día y ella empezó a rodar, a rodar, cada vez a una velocidad más fuerte, y ala, ala, más fuerte, y así transcurrió el día. Al llegar a casa por la noche cuando se despegó del carro, se quedó pensativa y se dijo: ya ha pasado el día y no me he enterado, ¡qué día más raro!, no me ha gustado, no he podido saludar como todos los días a mis amigos los caracoles, no he *podido saludar a las liebres, las ranas, las flores tan bonitas que veía todos los días, los zapatos de la gente. Verdaderamente hoy no he podido hacer nada de lo que a mí me gusta. Y volvió a pedirle a Dios que se apiadase de ella, que le volviera a quitar el trozo que le había dejado en el camino. Y Dios se lo quitó.* ***Ella lo que prefería era ir despacito por la vida disfrutando de las cosas bellas y volver a vivir la PAZ que había alcanzado. Al estar un poco rota le obligaba a ir despacito y disfrutar las cosas***

Supongo que habrás entendido este cuento. No por mucho correr vas a llegar a la meta, vale la pena ir más despacio, porque podrás ir apreciando las cosas que se te van presentando en tu camino, a lo mejor tu meta es disfrutar de las cosas más sencillas.

Volviendo al yo espiritual. Debajo de tus pies aparece una trampilla y muy decidido quieres averiguar que hay allí abajo. Nunca te lo habías propuesto y ahora, de repente, empiezas a inquietarte por lo que puedes encontrar allí. Empiezas a levantar la trampilla y aparece una escalera y desciendes por los escalones.

Te das cuenta de que todo está impregnado de una luz, una luz que no habías visto nunca, una luz que te da tranquilidad, paz, sosiego, una luz que te quita el miedo. Y llegas a un sitio inmenso, una nave con una capacidad para miles y miles de personas, millones, y te preguntas: ¿todo esto está debajo de mi casa?, todo lleno de luces de colores, preciosas. Cada espacio de un color, pero colores que te llenan. Al final atisbas una luz impresionante que no puedes describir pero que quieres alcanzar en tu pensamiento, que sin decirte nada te lo está diciendo todo.

Empiezas a caminar y de repente aparece delante de ti un cartel que te dice FAMILIA, y se te presentan delante de ti todas las cosas relacionadas con tu familia. Vas viendo las cosas desde otro punto de vista, muy diferente al plano terrenal, a lo que estabas acostumbrado, y tienes la sensación de que dentro de ti está el verdadero concepto de familia tal cual la tienes que ver.

Una vez te has dado cuenta de esto aparecen más carteles dándote la información que necesitas para que vayas descubriendo las verdades de las cosas. Cuando vas superando todas las pruebas que van apareciendo delante de ti y llegas a entenderlas, estás más cerca cada vez de esa LUZ que te atrae y no sabes el por qué pero quieres llegar a ella.

¿Y que es esa fantástica LUZ? ¿Porque tienes tantas ganas de llegar a ella? ¿Qué es eso que te atrae tanto? ¿Qué cosa puede ser tan poderosa? ¿Porque estas solo pensando en esa LUZ?

Esa LUZ es verdaderamente tu YO. La LUZ más potente que existe en el Universo. Tu YO es capaz de almacenar todas las verdades del mundo espiritual.

En el conocimiento del YO espiritual radica la verdadera FORTUNA de la persona. El Yo es DIOS. Llevamos a Dios dentro de nosotros. Cuando tú verdaderamente estés convencido de que Dios está en nosotros mismos, no habrá nada en el mundo que pare tu poder.

Pero antes de llegar a la luz se nos van a presentar muchos obstáculos. Conforme vayamos solucionándolos iremos adelantando por esa inmensa nave de colores y llegaremos al encuentro de esa inmensa LUZ.

Cada uno es libre de elegir el camino a seguir. Si está dispuesto a llegar a lo espiritual a través de sus vivencias (que sería lo verdaderamente, deseable) o a través de ir aplicando enseñanzas de otros e ir observando lo que le va ocurriendo. Sin darte cuenta al observar las vivencias de otros empieza a germinar la semilla en tu interior, ya empiezas a despertar la inquietud en ti mismo.

CAPITULO XXVI

DESENLACE

🕴 He de reconocer que *Aurixs* ha sido muy productivo.

🕊 ¿*Aurixs*?

🕴 De repente Mo se fijó en el maletín que había encima de la mesa del que habían salido rayos reflejando una especie de televisión en tres dimensiones, en las cuales había podido observar el devenir de los tiempos, y se dio cuenta que el maletín era una simple caja pequeña de cartón, ni siquiera era de piel y que no había nada en su interior, estaba completamente vacía.

Se giró a Don José y le dijo:-"¿pero qué es esto? ¿Qué especie de magia o de burla es?, yo he visto un maletín con unos rayos preciosos que surgían de su interior y ahora está vacío, ¡no puede ser!

🕊 Lo que tú has visto no ha sido ningún truco de magia, simplemente lo has sacado de tu interior, lo tenías dentro de ti pero no habías tocado la tecla que pudiera despertarlo, está claro que al tu estar dispuesto a saber de dónde vienes y a que vienes has dado con el interruptor que te ha permitido.

No ha sido ningún truco de magia, dentro de ti está el PODER de ver las cosas y cambiarlas para bien de todos.

Yo creo que ya es hora por hoy de marcharme y dejarte reflexionar, pero no olvides lo más importante de todas estas enseñanzas: SE TU MISMO, MIRALO TODO CON AMOR Y SOBRE TODO APRENDE A PERDONAR. Todo lo otro fluirá por el espacio universal. Y no pierdas la fe en TI, EN TI ESTA DIOS, TU ERES DIOS.

De repente Mo escuchó un ruido de llaves, era su MUJER que venía de hacer la compra del día. Se sobresaltó, miró a su alrededor y solo la vio a ella. No vio a Don José, se preguntó dónde se habría metido. Miró el reloj y se dio cuenta de que marcaba las 10,15 horas, había transcurrido un cuarto de hora desde que aparentemente le había entrado el sueño y pensó: a ver si esto solo ha sido un sueño, ¿estaría tan cansado que me dormí y empecé a soñar con Don José? y sus ojos se posaron sobre la mesa y cuál fue su sorpresa al observar dos tazas de infusiones vacías y una cajita de cartón que en su tapa, ponía "*Aurixs*", Y al ver la pantalla del ordenador había una frase que le hizo sonreír y que decía:

HOLA, SOY YO, DON JOSE, CUANDO ME NECESITES SOLO TIENES QUE LLAMARME.

Estaba claro que había muchas preguntas que quedaban en el tintero, que Mo pensó que no tenían más importancia. Por ahora con lo que había hablado y escuchado ya había bastante información para que su mente la procesara.

Y con una sonrisa de satisfacción por la Paz que sentía le dio un beso a su mujer sin decirle nada y se sentó frente al ordenador convencido de que al final podría escribir una novelita.

En este libro solo pretendo marcar una síntesis muy sencilla de algunos problemas para que tú al leerlo saques tus propias conclusiones. Aquí no hay escrito ningún dogma de fe, solo unos pensamientos. Por pequeña que sea la inquietud que en ti despierte habrás aprovechado el tiempo invertido en la lectura.

ÍNDICE

Pág.

OTROS LIBROS DEL AUTOR

Es un libro de gran ayuda, para consultarlo todos los días. Si tú lees las palabras mágicas que contiene la página 5 y después lo abres al azar, el universo se encargará de darte el consejo adecuado para ese día.

Novela que trata de la amistad y la entrega de dos amigos con seres de otros mundos y submundos para ayudarlos a conseguir lo que creen justo, sin importarles el riesgo que pueden correr en esa experiencia.

Esta colección de cuentos despertará la fantasía en los niños y en los mayores.

Elfos, búhos, elefantes y otros animales servirán para que tus hijos aprendan valores como la amistad, la superación y la convivencia.

10450133R00086

Printed in Germany
by Amazon Distribution
GmbH, Leipzig